Mit der Kraft der Sehnsucht

Eva Petrik

Mit der Kraft der Sehnsucht

Leben und Vermächtnis

Aufgezeichnet von
Christine Haiden und Regina Petrik-Schweifer

:STYRIA

Inhalt

Vorwort

Mit der Kraft der Sehnsucht hat Eva Petrik gelebt und sich engagiert, für die Menschen, die Kirche, die Gesellschaft. Ihr Leben war „gefüllt bis an den Rand“, als es nach 75 Jahren in seiner irdischen Form endete.
Dieses Buch zeichnet das Leben von Eva Petrik noch einmal nach, versucht, einige Motive und Impulse für ihr Leben und Handeln sichtbar zu machen. Die vielen Rollen, die sie auszufüllen suchte und auch ausgefüllt hat, werden skizziert. Sie sollen nicht nur einen Eindruck von der Person, sondern auch vom zeitgeschichtlichen Umfeld, in dem Eva Petrik geformt wurde und gewirkt hat, geben.
In einem zweiten Teil kommt Eva Petrik selbst noch einmal zu Wort. In den Texten, zumeist aus einer späteren Phase ihres Lebens, kann man ihren authentischen Ton hören und sich von ihrer Sehnsucht mitnehmen lassen. Die Auswahl der Texte traf die jüngste von Eva Petriks Töchtern, Regina Petrik-Schweifer.
Während der Arbeit an diesem Buch ist ganz überraschend der Ehemann von Eva, Josef Petrik, gestorben. Seine Enkelin Veronika Dolna, die mit ihm in den Monaten vor seinem Tod viele biografische Gespräche geführt hat, zeichnet am Ende des Buches ein persönliches Bild ihres Großvaters. Für viele waren „die Petriks“ untrennbar verbunden, so soll es auch in diesem Buch bleiben.
Mein Dank gilt allen, die mit ihrem Wissen und ihren Erinnerungen sowie vielen Tipps die Recherchen unterstützt haben. Ein Großteil von ihnen wird im Buch zitiert, alle anderen bitte ich, den Dank ungenannt anzunehmen.

Christine Haiden, August 2008

Zum Geleit

Als meine Mutter starb, war ich überwältigt von der intensiven Anteilnahme, die unserer Familie entgegengebracht wurde. Mir wurde bewusst, wie wichtig Eva Petrik für viele Menschen war; nicht nur durch das, was sie getan hatte, sondern vor allem dadurch, wie sie es getan hatte und wie sie war. So wurde mir klar, dass das, was sie bewirkt hatte, nicht in einem privaten Archiv verloren gehen sollte.
Bald entfaltete sich der Gedanke an die Erstellung eines Buches, in dem sie selbst noch einmal zur Sprache kommen sollte; als Erinnerung und als Auftrag, weiterzudenken, weiterzugehen. Das Durcharbeiten all der schriftlichen Unterlagen, die meine Mutter hinterlassen hatte, ließ bald erkennen, dass es nur eine kleine Auswahl aus der Vielfalt geben könnte.
Dankbar bin ich meinem Vater, der leider in der Sichtungsphase des von ihm verwalteten Archivs verstorben ist. Er hat mich ermutigt und unterstützt, die Idee eines Buches zu realisieren. Dankbar bin ich auch für die Zusammenarbeit mit Christine Haiden, der es gelungen ist, ein schillerndes Bild der Eva Petrik zu zeichnen, die nicht nur – wie sie gerne gesehen wurde – „Powerfrau" war, sondern auch ihre Schwächen mit sich tragen musste.
Und dankbar bin ich allen, die, seit sie von meiner Idee erfuhren, schon auf die Lektüre warten.
Ich wünsche allen, die dieses Buch in Händen halten, ermunternde Stunden beim Lesen!

Regina Petrik-Schweifer

EVA PETRIK:
EINE
BIOGRAFISCHE
SPURENSUCHE

Prolog

Wie sie zuletzt ihre Krankheit bewältigt hat im Annehmen und Weiterarbeiten, was ihr möglich war, ist für jeden von uns ein Vorbild.

Bischof Maximilian Aichern

Eine Woche vor ihrem Tod am 5. November 2007 wird Eva Petrik von ihrer Tochter Monika im Rollstuhl durch den Standlmarkt im Wallfahrtsort Mariazell gefahren. Sie sieht, auch wenn sie schon klein und gebückt in ihrem Gefährt sitzen muss, an einem der Stände eine Halskette. Die will sie unbedingt kaufen, denn sie passt zu einem Armband, das sich Eva Petrik bei der letzten gemeinsamen Reise mit ihrem Mann im Frühjahr 2007 in Sizilien gekauft hat. Weder Tochter Monika noch Ehemann Josef, von allen Peperl gerufen, wollen der Todkranken die Kette ausreden. Genauso wenig wie die Kleider, die sie zwei Wochen zuvor in einem Versandhaus bestellt hat. Sie sollte sie nicht mehr brauchen.

Ist es, weil man einer wie Eva Petrik nicht widerspricht, wenn sie einen Wunsch äußert? Ist es, weil sie und ihre Angehörigen noch Hoffnung haben oder diese einander nicht nehmen wollen, dass die schwer krebskranke Eva doch weiterleben könnte? Oder respektieren einfach alle, dass diese Frau leben will bis zum Schluss? Wer kennt schon die Motive jener, die das Ende nahen spüren? Wer wollte sich ein Urteil erlauben?

Schon der Wunsch, nach Mariazell zur Feier der Goldenen Hochzeit von Theresia und Leo Prüller, Freunde und Weggefährten seit der Jugendzeit, anzureisen, scheint den Ange-

hörigen verwegen. Seit der Krebs in den Knochen metastasiert, leidet Eva Petrik unter starken Schmerzen. Oft kann sie keine zwei Minuten mehr ruhig sitzen. Um nach Mariazell zu kommen, nimmt Eva Petrik viele Stunden Autofahrt und ruhiges Sitzen auf sich. Sie lässt sich von der Wiener Privatklinik, in der sie mit Chemotherapie behandelt wird, für diesen einen Sonntag „beurlauben". Dieses letzte Treffen mit den vielen lebenslangen Freunden ist Eva Petrik jeden Einsatz wert. Die Kontakte lassen sie auch dieses Mal „aufblühen", wie sich Tochter Monika erinnert. Wie immer interessiert sich Eva Petrik für die anderen, für das, was sie bewegt, sie fragt nach den Kindern und den Enkelkindern und freut sich, mitten im Geschehen zu sein. Nach dem Gottesdienst und vor dem Gasthausbesuch drängt Eva Petrik noch zu einem Besuch des Standlmarktes, denn noch nie habe sie sich in dem Ort, der als größter Gnadenort des Alpenraumes gilt, ein Souvenir gekauft.
Auf der Rückfahrt von Mariazell scheint die Kranke erschöpft. Drei Tage später teilen die behandelnden Ärzte der Familie mit, dass Eva Petrik Symptome eines nahen Sterbens zeige. Am darauffolgenden Freitag wird sie in das Hospiz am Rennweg überstellt. Jahrelang hatte sie sich für diese Einrichtung, gegründet von ihrer Freundin Hildegard Teuschl, eingesetzt. Nun braucht sie sie selbst. „Wir haben ausgemacht, dass sie dort so lange bleiben soll, bis es ihr wieder besser geht", erzählt Josef Petrik. „Mit dieser Hoffnung ist sie hineingekommen." Ab diesem Zeitpunkt ist Eva Petrik kaum mehr ansprechbar, redet zeitweilig noch viel, aber meist nicht mehr zusammenhängend. Die vier Töchter Jutta, Monika, Sonja und Regina treffen mit Partnern und Kindern im Hospiz ein. „Wir haben gesungen, gebetet, erzählt, gelacht und geweint", erinnert sich Regina, die jüngste der vier Petrik-Töchter. Eine Ärztin organisiert die Gitarre eines Neffen, um die musikalische Begleitung

möglich zu machen. Feste zu feiern hatte Eva Petrik schon im Bund Neuland gelernt, in der Jungschar intensiviert, in ihrer eigenen Familie und der Pfarre kultiviert. Die Familienfeiern der Großfamilie Petrik sind im Bekanntenkreis legendär. Nun also ein letztes Fest für die Mutter, Ehefrau, Großmutter. In der Nacht zum Montag verabschieden sich die Kinder, wissend um die beruflichen Pflichten des kommenden Tages. Ehemann Josef bleibt am Bett der Sterbenden. Als er einschläft, schließt Eva Petrik ihre Augen für immer.
Mehrere Jahre zuvor war sie in einer Fernsehsendung gefragt worden, wie sie sich die Auferstehung vorstelle. „Das kann man sich nicht vorstellen", erwiderte sie. „Wir haben ein sehr schönes Wort, das sagt, dass es alle Vorstellungen übersteigt, was Gott denen bereitet hat, die ihn lieben. Ich meine, es ist auch schön, sich mit dem zufriedenzugeben, was alle Vorstellungen übersteigt. Den Rahmen des für uns in dieser stofflichen Welt Lebenden zu übersteigen, das hat etwas sehr Optimistisches, das ist etwas, das mich sehr neugierig macht. Sicher ist für mich, dass im Glauben alle Schranken wegfallen werden, die mich in der stofflichen Welt hemmen. Dass Unvorstellbares nicht nur mit mir geschehen wird, sondern auch für mich möglich sein wird, das ist doch spannend."
Wenige Stunden nach ihrem Tod bekommt Eva Petrik noch Besuch. Erhard Busek, ihr politischer Mentor und ausschlaggebend für ihr Engagement als Wiener Gemeinderätin, trifft sie nicht mehr lebend an. „Ihr Gesicht war im Tod faszinierend, genau wie sie war", erzählt er danach, „kantig, entschlossen, friedlich."
Weihbischof Helmut Krätzl, mit Eva Petrik ebenfalls seit Jugendtagen verbunden, würdigt die Tote beim Requiem als „fast vollkommene Frau". Und die Töchter legen der Mutter im Sarg die Kette aus Mariazell und das Armband aus

Sizilien für ihre letzte Reise an. Auch wenn sie, wie Tochter Monika ironisch meint, nicht ganz zur Kleidung passen, die die Mutter bei ihrer Bestattung trägt.

Nachtrag: Knapp fünf Monate nach seiner Frau stirbt am 3. Mai 2008 auch Josef Petrik. Wer die Petriks als mustergültiges, geradezu symbiotisches Ehepaar wahrgenommen hatte, kann zur Ansicht gelangen, Peperl hätte nicht ohne seine Evi leben mögen. Tatsächlich hatte er bei einem Besuch der Biografin in der Wohnung der Petriks im März 2007 gemeint: „Ich habe Angst, dass ich vergesse, wie die Evi ausgesehen hat. Deswegen habe ich in allen Zimmern Bilder von ihr aufgestellt." Der nüchterne Befund ist, dass Josef Petrik seit vielen Jahren an schweren Herzproblemen laborierte, Herzinfarkte erlitten und Bypässe gesetzt bekommen hatte. Er hatte alle Kraft aufgewandt, um seine Evi bis zum Tod pflegen zu können. Ein Versprechen, das sie sich gegeben hatten: Wer noch besser beisammen sei, würde sich um den anderen bis zum Ende kümmern. Wider Erwarten ist es Josef, der Eva in den Tod begleitet. Er hat alles für sie organisiert und ihr alles möglich gemacht, was sie brauchte und wollte.

„Jetzt denke ich einmal nur an mich", sagt er um vier Uhr nachmittags am Freitag, dem 2. Mai. Um halb zwei Uhr der darauffolgenden Nacht stirbt er. „Er ist ohne großes Aufheben, wie selbstverständlich gegangen", sagen seine Töchter. Er, der ruhende Pol, der Buchhalter und Organisator der Familie, hatte im Computer die Einladungsliste für sein Begräbnis schon vorbereitet und erinnerte seine Tochter Monika im Krankenhaus noch, wo sie ein Foto von ihm finde.

Nicht wenige sind der Ansicht, dass mit den Petriks eine bedeutsame Ära der katholischen Laien in der österreichischen Kirche der Nachkriegszeit zu Ende gegangen ist.

Die Tochter und große Schwester

Sie war umtriebiger als wir. Das hat sie auch genossen.

Heidi Schallerbauer, Schwester

Eva Petrik eine gebürtige Grazerin? Nein, eher eine kleine Ironie des Schicksals, dass diese „waschechte Wienerin" ausgerechnet in Graz zur Welt kam. Die zeitlebens immer besonders schnelle und flotte Eva entschied sich auch bei der Geburt, das Ereignis um zwei Wochen vorzuverlegen. Der Vater, Wilhelm Rasny, in der Fernmeldebranche tätig, war gerade noch in Graz beschäftigt, als sich einen Tag vor dem Heiligen Abend 1931 seine erstgeborene Tochter Eva einstellte.

Für viele Jahre blieb Eva das einzige Kind des Ehepaares Rasny. Erst acht Jahre später, 1939, wird die zweite Tochter Heidi geboren, weitere drei Jahre später die dritte Tochter Moni. Entscheidend für den Entschluss, weitere Kinder zu haben, sei gewesen, erzählt Josef Petrik, dass Wilhelm Rasny durch die Nationalsozialisten zu einer festen, besser bezahlten Anstellung gekommen sei. Ein Mitläufer sei sein Schwiegervater gewesen, kein überzeugter Nazi. Einer, der zu Zeiten des Ständestaates in einen Sozialfonds für die Kinder inhaftierter illegaler Nationalsozialisten eingezahlt und deswegen bei der Machtübernahme der Nazis selbst als Illegaler und somit Bevorzugter gegolten habe. Dieses Mitläufertum habe Wilhelm Rasny später sehr bereut. Nachdem er aus der Kriegsgefangenschaft zurückgekehrt war, habe es etliche Zeit gedauert, bis er beruflich wieder Fuß

Evi Rasny, ein Kind, an dem man schon viel von den späteren Eigenschaften der erwachsenen Eva Petrik erkennen kann.

fassen konnte. Er verdiente sein Brot als Verkäufer von Telefonanlagen. Die Politik hielt er fortan für ein schmutziges Geschäft, von dem man sich fernhalten sollte. Die politische Karriere seiner ältesten Tochter hat er nicht mehr erlebt. „Der Vati hätte sich im Grab umgedreht", meinte Luise Rasny, als ihre Tochter Eva Petrik in der Riege von Erhard Buseks „Bunten Vögeln" 1983 Stadtpolitikerin in Wien wurde.

Bildung, Lernen, Aufstieg zählten durchaus zum Wertekanon der kleinbürgerlichen Familie Rasny. Sie siedelte sich im 19. Wiener Gemeindebezirk Döbling an. Dieser gilt als Nobelwohnort. In den 1930er-Jahren gab es dort aber auch große Wirtschaftsbetriebe wie den Fahrzeugbauer Gräf & Stift. Neben noblem Villenpublikum traf man auch auf Straßenkinder aus Arbeiterhaushalten.

Als Rasnys Ausschau hielten nach einer geeigneten Schule für ihre Tochter Eva, stießen sie auf die gut beleumundete Neulandschule. Die Volksschule in der Krim, wie ihre Heimatpfarre im 19. Bezirk hieß, galt ob der vielen Arme-Leute-Kinder als weniger gute Adresse. Rasnys waren entschlossen, das Schulgeld für die katholische Privatschule aufzubringen, um ihrer Tochter die bestmögliche Ausbildung zu bieten.

Die Familiengeschichte erzählt, dass die persönliche Freundschaft von Luise Rasny mit der Neuland-Lehrerin Johanna Dolezal ausschlaggebend für die Schulwahl gewesen sei. Tatsächlich war Johanna Dolezal später auch die Taufpatin der beiden jüngeren Rasny-Töchter.

Der Bund Neuland könnte durchaus in das Selbstverständnis des Ehepaares Rasny gepasst haben. Stand er doch im Ruf, eine Bewegung zu sein, die eine neue Elite in Kirche und Gesellschaft formen wollte. Der Bund Neuland war 1919 als christliche Studentenorganisation in Wien von den Priestern Karl Rudolf und Michael Pfliegler gegründet worden. Nach dem Zusammenbruch des Habsburgerreiches von Gottes Gnaden suchten Staat und Kirche nach einer neuen Selbstbestimmung. Der Bund Neuland setzte wie auch andere Jugendbewegungen – „Quickborn" oder „Wandervogel" – nach dem großen Desaster des Ersten Weltkrieges bei den Sehnsüchten der Menschen an: Natur, Einfachheit, Intellektualität, ein neues nationales Selbstbewusstsein und Reformen verkrusteter Strukturen. Luitgard Derschmidt, derzeit Präsidentin der Katholischen Aktion Österreichs und selbst aus einer „Neuland-Familie" stam-

Familie Rasny auf Sommerfrische in den 1950er-Jahren. Von links: Moni, die jüngste Schwester von Eva, Luise Rasny, die Mutter, Wilhelm Rasny, der Vater, Heidi, die mittlere der drei Rasny-Töchter, Eva und Josef Petrik.

mend: „Neuland war ein Lebensstil, eine Jugendbewegung gegen das Plüschbürgertum. Man war gegen das Establishment, pflegte eine partnerschaftliche Beziehung zwischen Priestern und Laien und hat sich als kirchliche Erneuerungsbewegung verstanden.“ Luitgard Derschmidt erinnert sich an Psalmen, die lange vor der offiziellen liturgischen Erneuerung auf Deutsch gebetet wurden, oder daran, dass sie als Mädchen ein liturgisches Gewand tragen durfte – weißes Kleid und Schleier –, und dass es entgegen den üblichen Gepflogenheiten nicht verpönt war, die konsekrierte Hostie im Mund zu zerbeißen.

Die „Neuländer“ legten Wert auf Bildung, man wollte sich durchaus bewusst von der Masse abheben. Luitgard Derschmidt: „Das dritte Brandenburgische Konzert von Bach nicht an seinen Anfangstönen zu erkennen, wäre in unseren

Kreisen schlimm gewesen." Als Feinde der „Neuländer" galten die bündisch organisierten Kartellverbände, auch zu den militärisch strukturierten Pfadfindern entwickelte sich wenig Nähe. „Neuländer" waren Antialkoholiker, manche aber leider auch Antisemiten. Ein eher deutschnational orientierter Flügel stand im Verdacht, Sympathisant der Nationalsozialisten zu sein – auch der Statthalter Hitlers in Österreich, Arthur Seyß-Inquart, war „Neuländer". Eine bekennende Kirchlichkeit als wesentlicher Kern des Selbstverständnisses war aber für die meisten „Neuländer" karrierehemmend im Dritten Reich.

Der Bund Neuland war aber auch kirchenintern unbequem. Sein linker Flügel galt als wenig zuverlässig, sodass reaktionär gesinnte Geistliche über eine Klage im Vatikan erreichten, dass der Wiener Kardinal Innitzer den Bund Neuland zwar nicht wie gefordert auflöste, aber doch in die Katholische Aktion integrierte. Vor allem in der Nachkriegszeit wurden Neuland-geprägte Persönlichkeiten in Kirche und Gesellschaft besonders wichtig, etwa Otto Mauer als Förderer der Verbindung von zeitgenössischer Kunst und Kirche, Otto Schulmeister als führender Publizist, Kardinal Franz König als Oberhaupt der Erzdiözese Wien oder Felix Hurdes als Mitbegründer der Österreichischen Volkspartei.

Die sechsjährige Eva Rasny wurde also 1937 in die Volksschule des Bundes Neuland aufgenommen. In diesem Schulzentrum, ursprünglich gegründet, um die Straßenkinder von Grinzing auszubilden, war Reformpädagogik angesagt. Ein unterscheidendes Merkmal, das allen „Neuländern" sofort einfällt: Man war mit den Lehrern per Du. Besser gesagt, die Lehrerinnen mit den Schülerinnen. Das geschlechterübergreifende Du-Wort wäre offenbar auch reformpädagogisch ein zu großer Schritt gewesen.

Gertraud Schachenhofer, die ältere Schwester von Luitgard

Derschmidt, war Klassenkollegin von Eva Rasny und erinnert sich noch an sie. Eva sei ein sehr aufgewecktes, sehr gescheites Mädchen gewesen, das von der Klassenlehrerin stets bevorzugt worden sei. Klassenlehrerin war Johanna Dolezal, die Freundin von Luise Rasny, was bei Mitschülerinnen wie Gertraud Schachenhofer den Verdacht nährte, dass Eva „das Scheißerl von der Dolezal“ gewesen sei. Alles, was die Eva gesagt habe, sei in den Augen der Lehrerin besser gewesen als das, was den Mitschülerinnen eingefallen ist. Deswegen sei die junge Evi zwar nicht zur Außenseiterin in der Klasse geworden, aber „sie war immer eine Königin“ und sei früh sehr selbstbewusst geworden.

Gertraud Schachenhofer erinnert sich besonders intensiv an den Wert von Festen und des Schulspiels in der Neulandschule. „In der Turnhalle haben wir das Herbergssuchen aufgeführt. Die Kinder konnten dabei den Text frei improvisieren, mussten nicht alles auswändig lernen.“ Im Nachhinein erkennt sie als größten Wert der Neulandschule, dass „die Lehrer mit Freude und nicht mit Muss dabei waren“. Eine Einschätzung, die auch Ruth Steiner teilt. Die geborene Jüdin kam 1959 in die katholische Neulandschule nach Wien. „Man hatte den Eindruck, die Lehrer hatten als größten Wunsch, dass man durchkommt und Freude am Lernen hat.“ Ihre Konversion zum Katholizismus wurde begleitet von einer Spiritualität, die sie in der Neulandschule kennengelernt hatte: „Eine offene Spiritualität, die uberhall hineinpasst. Für mich die Basis einer kritischen Loyalität zur Kirche.“

Die Neuland-Schüler hatten herausragende Lehrerinnen und Lehrer, wie etwa die erste promovierte Theologin Österreichs, Lotte Leitmair, oder den Religionslehrer Propst Arnold Dolezal. An ihn erinnert sich Gertraud Schachenhofer als „tollen Mann, den ich verehrt habe, weil er jedem etwas Gutes getan hat“. Von ihm sei ihr ein lebendiger

Im Juni 1949 maturierte Eva Rasny am Neuland-Gymnasium (2. Reihe, Dritte von links). Später kam sie als Lehrerin an „ihre" Schule zurück.

Glaube vermittelt worden. An dieser Schule sei ernst genommen worden, was ein Kind wollte.

1938 ist nach dem „Anschluss" Österreichs an Hitlerdeutschland die Neulandschule geschlossen und der Bund

Neuland verboten worden. Etliche arbeitslos gewordene Neuland-Lehrer erteilten den Unterricht in ihren Privatwohnungen. Eva nahm am „illegalen" Religionsunterricht weiter teil. Es wurde für sie zu einer lebenslang prägenden Zeit, gefördert vor allem durch Propst Dolezal, der seinen Schützlingen einen selbstbewussten und starken Glauben vermittelte, ihnen Romano Guardinis Satz „Die Kirche erwacht in den Seelen der Menschen" fühlbar machte.

Josef Petrik vermutet, dass Propst Arnold Dolezal für Eva auch eine Art Vaterfigur wurde, einer, der es offenbar verstand, das gescheite und begeisterungsfähige Mädchen zu fördern und ihm lohnende Lebensziele und eine tragfähige Basis im Glauben zu vermitteln. Vielleicht hat auch er, wie es von den Neuland-Lehrern überliefert ist, die Kunst des anspornenden Lobens beherrscht. In der eigenen Familie kam die tüchtige Evi kaum in den Genuss eines lobenden Wortes.

War es nicht in vielen kleinbürgerlichen Familien die selbstverständliche Pflicht der Kinder, etwas zu leisten, mehr aus ihrem Leben zu machen als noch die Eltern, die ihrerseits materiell alles einsetzten für den Aufstieg ihres Nachwuchses? Auch in späteren Jahren äußerte die Mutter ihrer erfolgreichen Tochter gegenüber wenig Anerkennung, wohl aber zeigte sie ihren Stolz anderen. Tochter Monika erinnert sich, dass die Großmutter bei einer Ordensverleihung an Eva Petrik stolz neben der Ausgezeichneten gestanden sei und sich den Gratulanten vorgestellt habe: „Ich bin die Mutter."

Nachdem die Neulandschule geschlossen worden war, wechselte Eva Rasny an eine öffentliche Volksschule und ein öffentliches Gymnasium, nach dem Krieg an das Gymnasium des Bundes Neuland. Maturiert hat sie, wie nicht anders zu vermuten, mit Auszeichnung. Was ihrer Schwester Heidi Schallerbauer, die nach ihr dasselbe Gymnasium absolvierte, von Neuland-Lehrern öfter die Bemerkung einbrachte: „Eine Evi bist du nicht."

Der beträchtliche Altersunterschied machte Eva für ihre Schwestern vor allem zur „großen" Schwester, mit der man weniger spielte, die einem dafür aber eher als Vorbild hingestellt wurde. Dass daraus auch Distanz erwächst, mag eine Zuschreibung mitverursachen, die Eva Petrik zeitlebens begleitete: Sie sei dominant gewesen, eine natürliche Führungskraft, eine, die immer gewusst habe, was sie will, und die rasch entschieden habe.

Wie viele älteste Geschwister musste auch Eva erleben, dass eine zugewiesene Rolle allein noch keine Anerkennung bringt. Schwester Heidi erinnert sich, dass Eva gelegentlich bei einer Abwesenheit der Mutter die Rolle der Befehlsberechtigten über die kleinen Schwestern übertragen wurde. Die diese natürlich sofort torpedierten: „Von der lassen wir uns nichts anschaffen.“ Nun war es an ihr, die beiden für sich zu gewinnen.

Die Jungscharführerin

Eva Petrik war eine Frau der überlegten Tat.

Theresia Prüller, Weggefährtin seit Jugendtagen

Neuland oder Jungschar? Eva Rasny musste sich entscheiden. Katholische Jugendelite oder katholische Breitenbewegung? War es Pater Josef Zeininger, gebürtiger Oberösterreicher, Salesianer Don Boscos, von den Nazis inhaftiert, zum Tod verurteilt und von den Russen befreit, Begründer der Katholischen Arbeiterjugend Österreichs, der Evi angeredet hat, in seiner Pfarre, ihrer Heimatpfarre Krim, eine Jungschargruppe zu übernehmen? Die 17-Jährige sagte jedenfalls zu.

Evas Schwester Heidi war von Anfang an als Jungscharkind in der Gruppe der großen Schwester. Sie erinnert sich an eine temperamentvolle Leiterin, die zwar nicht besonders gut singen, aber hervorragend organisieren und motivieren konnte. „Wir waren auf allen Jungschartreffen und haben immer Sieger-Wimpel eingeheimst." Wettkämpfe und Spiele gehörten zur Grundausstattung der Jungschar. Der besondere Hit waren schon damals die Jungscharlager. Eva Rasny organisierte das Quartier kurzerhand während des Familienurlaubs in Trattenbach am Wechsel.

„Das Jungscharlied *Kreuz und Krone wollen wir tragen* hat die Mutti ihr Leben lang gerne gesungen", erzählt Tochter Regina Petrik-Schweifer. Die Krone, von der im Lied die Rede ist, gehörte Christus, dem König. „Wir wollen uns ... zu Christus bekennen – unserem Freund und Führer und

Meister, unserem König", hatte auch Kardinal Innitzer den Tausenden jungen Christen 1938 im Wiener Dom zugerufen, die sich als Gegenmanifestation zum NS-Regime versammelt hatten. Die Nationalsozialisten hatten alle katholischen Jugendverbände aufgelöst oder zur Selbstauflösung gezwungen. Die Pfarrjugend wurde fortan zu einem vielfach verborgen genutzten Freiraum für Jugendliche. Zahlreiche Kapläne und Katecheten, die sich für diese Pfarrjugend engagierten, wurden vom Regime verfolgt. Pater Zeininger war nur einer von ihnen.

Die Jugendarbeit hatte damals organisatorisch schon ein Fundament. Kanonikus Karl Rudolf, einer der Mitbegründer des Bundes Neuland, hatte schon vor dem Krieg das Seelsorgeinstitut in Wien gegründet, das spätere Seelsorgsamt, das erste seiner Art im deutschen Sprachraum. Eine seiner Abteilungen war jene für Kinderseelsorge, deren erste Leiterin die „Neuländerin" Dr. Willy Lussnig. Sie baute nach dem Krieg die Jungschar als eigene Bewegung mit auf und wurde bei der Mädeljungschar auch die erste Zentralführerin. Den Stil der Kinderarbeit hat Willy Lussnig, wie die frühe Jungschar-Aktivistin Hilde Stöger meint, von Neuland übernommen: „Es ging um das Einbeziehen des ganzen Lebens in die Pastoral."

Ein Problem vieler katholischer Jugendlicher war während des Nazi-Regimes die Zwangsmitgliedschaft bei der Hitlerjugend und beim Bund Deutscher Mädchen. Regina Petrik-Schweifer erinnert sich an Erzählungen ihrer Mutter, dass man sie beim Bund Deutscher Mädchen als „Führerin" gewinnen wollte. Eva trug ein Kreuz um den Hals und wurde aufgefordert, es abzulegen. Sie erwiderte das Ansinnen mit einem klaren Nein. Regina Petrik-Schweifer wertet das als Zeichen, dass die damals 12-Jährige durch ihre Integration in die Jugendrunden von Propst Dolezal in ihrer katholischen Identität schon sehr gefestigt war. Selbst wenn Dolezal seine Arbeit eher als abschirmend von den Nazis denn als aktiven Widerstand gegen sie gesehen hat, wie Josef Petrik meint.

Ein möglicherweise prägendes Erlebnis für die junge Evi war auch ihre durch einen Arzt verhinderte Erstkommunion: Sie wurde mit acht Jahren in der Pfarre auf die Erstkommunion vorbereitet und erkrankte kurz davor an Scharlach. Der Hausarzt, ein „großer Nazi", wie Josef Petrik erzählt, habe ihr schulfrei gegeben, bis sie wieder gesund wäre. Evi meinte darauf frei heraus: „Fein, dann kann ich wenigstens zur Erstkommunion gehen." Worauf der Arzt sie unter Quarantäne gestellt und sie die Erstkommunion versäumt hat.

Trotz vieler negativer Erfahrungen war die Aufarbeitung des Nationalsozialismus nach dem Krieg nicht erstes Ziel der kirchlichen Jugendbewegung. So wurden etwa die hierarchischen Funktionen auch in der Jungschar als „Führer" und „Führerinnen" bezeichnet. „Wir wollten einfach etwas erleben, in einer schönen Gemeinschaft sein. Das Hinterfragen und Reflektieren ist erst viel später gekommen", erzählt Franz Stauber, langjähriger Zentralführer der Bubenjungschar und lebenslang mit den Petriks befreundet. „Wir haben 1944 debattiert, wie die neue Welt aussehen sollte", erinnert sich Hilde Stöger. „Wir hatten keine Ahnung von Demokratie. Wir wollten aber keinesfalls eine Knebelung der Persönlichkeit, wie wir sie im Nationalsozialismus erlebt hatten, und auch keine, wie es sie in der Kirche im Namen des Kreuzes gegeben hatte." Im Selbstverständnis der neuen Katholischen Jugend blitzte ein Elitebewusstsein auf. Hilde Stöger: „Unsere Jugendseelsorger haben gesagt: Ihr seid die Bibel, in der die anderen Menschen lesen." Über ihrem Schreibtisch am Stephansplatz hatte sie denn auch den Spruch hängen gehabt: „Wir müssen uns in den Beton der Kirche stampfen lassen." Das Aufgehen in einer Welle der

Eva Rasny (alleine stehend, links) überzeugte viele Jungscharmädel mit ihrem Temperament, ihrem organisatorischen Talent und ihrer Begeisterung für die gemeinsame Sache.

Begeisterung scheint damals nicht schwer gewesen zu sein. Große Aufmärsche mit Fahnen, Wimpeln, in Tracht und im Gleichschritt erzeugter Euphorie. Nach dem legendären Marsch der Katholischen Jugend über den Ring, 1952, soll der damalige Bundeskanzler Figl gesagt haben: „Könnt ihr nicht am Vormittag die Katholische Jugend und am Nachmittag die ÖVP-Jugend sein?"

Das neue Bekennertum der katholischen Jugendbewegung schloss direkt an die Erfahrungen und Werte der Verbotszeit an. Kreuz und Krone wurden zum Symbol der Jungschar, das Jungschargebet begann mit den Worten: „Herr Jesus Christus, du bist unser König, mit Leib und Leben sind wir dein Eigentum."

„Sie ist mir aufgefallen, weil sie renitent war", berichtet Hilde Stöger. „Was macht ihr denn da eigentlich auf dem Stephansplatz?", hatte die Jungscharführerin aus der Krim die Mitarbeiterin vom Stephansplatz etwas spitz angegangen. „Komm doch und schau es dir selbst an", erwiderte Hilde

Auf der sogenannten Jungscharburg Wildegg wurden die künftigen Jungscharführerinnen ausgebildet. Spiel, Musik, Wettbewerbe und religiöse Bildung bereiteten die jungen Frauen auf ihre Aufgabe vor. Eva Rasny war intensiv beteiligt, eine qualifizierte Ausbildung zu schaffen.

Stöger. Eva Rasny hatte mit dieser Frage in ihr lebenslanges Engagement für die Kirche Österreichs auf vielen verschiedenen Ebenen eingefädelt.

Eva Rasny kam in den Kreis um Willy Lussnig, mitten hinein in die intensive Phase des Aufbaus, der Entwicklung pädagogischer Konzepte für die Mädeljungschar und der Formulierung großer Themen.

„Daneben" maturierte Eva und begann ein Studium der Mathematik, Physik und Chemie. Eine verehrte Chemieprofessorin am Neuland-Gymnasium sei für die ungewöhnliche Fächerwahl ausschlaggebend gewesen, erzählt man in der Familie. „Später hätte sie lieber Psychologie studiert. Aber ein Umsatteln kam nicht infrage. Das wäre in der Familie nicht unterstützt worden. Da war es wichtig, so schnell wie möglich fertig zu werden und auf eigenen Beinen zu stehen", weiß Josef Petrik. Das Jungscharengagement ihrer Ältesten hielten die Eltern für zweitrangig. „Oft ist die Evi spätnachts von Sitzungen der Jungschar heimgekommen und hat sich am nächsten Morgen um vier, fünf Uhr früh von unserem Vater wecken lassen, um noch zu lernen“, erinnert sich Evas Schwester Heidi. Die drei Schwestern teilten sich mit der Mutter das Schlafzimmer. Das umtriebige Leben Evas wurde eher widerwillig als Ruhestörung hingenommen.

Auch in der Diözesanleitung der Jungschar, in die die hoffnungsvolle Jungscharführerin aus der Krim bald integriert wurde, richtete man Sitzungen nach deren Studienerfordernissen aus. 1952 folgte sie der Jungscharpionierin Anny Friedrich als Wiener Diözesanführerin der Mädeljungschar. Die Ausbildung des Führungsnachwuchses der Katholischen Jungschar wurde zur zentralen Aufgabe. Bei „Führerlagern“ wurden künftige Gruppenleiterinnen ausgebildet, Spiele und Lieder erprobt, die pädagogische Aufbereitung von Heimstunden erarbeitet. Die Jungschar konnte aber auch mit spektakulären öffentlichen Aktionen auf sich aufmerksam machen. Mit der „Lichtstaffette“ brachten 1951 Jungscharkinder von Mariazell ausgehend Licht aus dem Wallfahrtsort in die Pfarren Österreichs und überwanden damit alle Zonengrenzen der Besatzungsmächte. In den Folgejahren wurde das Licht aus dem französischen Wallfahrtsort Lourdes geholt und von Jungscharkindern in ganz Europa verteilt. 1955 entstand in Linz auch die Sternsingeraktion. Die Bubenjungschar ersang für die MIVA (Missions-Verkehrs-Arbeitsgemeinschaft), die ein Motorrad für die Mission finanzieren musste, mit den drei Königen und dem Stern in der Hand auf Anhieb sogar drei Motorräder. Das emanzipatorische Ansinnen der Mädeljungschar, auch Königinnen mitmachen zu lassen, konnte von der Bubenjungschar nur kurzfristig abgewehrt werden.

Bereits 1953 machte Eva Rasny einen weiteren kirchlichen

Karriereschritt und wurde Zentralführerin der Mädeljungschar und damit für ganz Österreich zuständig. „Sie war eine glückliche Verbindung aus Intellektualität und Herzlichkeit", sagt Friederike Lenzeder, damals Diözesanführerin der Mädeljungschar in Linz und später Evas Nachfolgerin als Zentralführerin.

Wie Eva und viele andere Frauen in den Leitungsfunktionen der Jungschar war auch Friederike Lenzeder durch eine pädagogische Berufsausbildung geprägt. Die Jungschar wurde zum Feld, eine neue Pädagogik zu erproben. *Wir Mädel* hieß ein Buch, das Lenzeder und Rasny gemeinsam erarbeitet hatten, und das alles bündelte, was Mädchen über die Jungscharbewegung wissen sollten. „Es war uns ein wichtiges Anliegen, die kreativen Fähigkeiten zu fördern und die Kinder aktiv am Gruppenleben mitgestalten zu lassen. In der Gruppe hat es jeweils etwas gegolten, Ideen zu haben", erinnert sich die spätere Chefredakteurin der Zeitschrift *Welt der Frau*. Emanzipation sei damals noch kein Thema gewesen, wohl aber das Wecken von Eigenverantwortlichkeit und das Einüben demokratischen Verhaltens. Auch die große Welt, der Blick über den Kirchenzaun, war damals ein Thema. In den Gremien sei man konsequent nach demokratischen Spielregeln vorgegangen und habe sie so auch geübt. Mit den Geistlichen sei man „auf Augenhöhe" verkehrt.

Eva Rasny hat sich sehr für die internationale Kinderbewegung engagiert und dazu ein internationales Treffen in Vorarlberg organisiert. Der damalige Jugendbischof Franz König kam zu der Versammlung im Gehrock und schenkte selbst Tee ein, wie Eva Petrik später erzählte. Welch ein Gegensatz zu den Bischöfen, die damals durchwegs noch auf Kniefall und Ringkuss bestanden.

Mit den Jahresthemen versuchte man, gezielt wichtige Themen in die Jugendarbeit „einzuschleusen". So sollte zum

In den Gremien der Katholischen Jungschar lernten die Führungskräfte Organisationsarbeit. Die Aufnahme aus dem Jahr 1954/55 zeigt die Zentralführung der Buben- und Mädeljungschar bei einer gemeinsamen Sitzung. Von links: Theresia Waldstein (spätere Prüller), Bundesführerin der Katholischen Jugend Mädchen, Prälat Leonhard Lüftenegger, Bundesseelsorger der Mädeljungschar, Eva Rasny, Zentralführerin der Katholischen Mädeljungschar, Professor Josef Dunst, Diözesanseelsorger der Jungschar der Diözese Linz, Franz Stauber, Zentralführer der Katholischen Bubenjungschar

Beispiel das Motto „Weltreise" den Horizont der österreichischen Nachkriegsjugend auf spielerische Weise weiten. „Unser Ziel war, dass man Begabungen weckt und fördert und damit die Gesellschaft bereichert", fasst Friederike Lenzeder zusammen.

Das scheint auch gelungen. Aus den Reihen der Aktivistinnen und Aktivisten der Katholischen Jugendorganisationen speiste sich vor allem von den 1960er- bis in die 1980er-Jahre das Reservoir von Führungskräften in der Kirche. Entsprechend dem Selbstverständnis der Katholischen Aktion, als Christen überall in der Gesellschaft zu wirken, bildeten die Leute der Katholischen Aktion ein dichtes Netzwerk,

das in Politik, Wirtschaft und vor allem auch in den Medien Gleichgesinnte in führenden Positionen wusste.
Felder, in denen man in den 1950er-Jahren die Talente finden konnte, waren unter anderem die Führerinnenlager. Ingrid Klein, spätere Jungscharzentralführerin und Österreich-Vorsitzende der Katholischen Frauenbewegung, erlebte Eva Rasny als „Ausbildnerin" auf Burg Wildegg: „Sie hat mir imponiert, wie sie alleine eine Woche lang mit 25 Mädchen gearbeitet hat." Ingrid Klein erinnert sich an die tägliche Heilige Messe, an romantische Nachtwanderungen und gefühlvolle Lieder. „Sie hat wirklich in uns das Feuer für die Jungschar entzündet." Der damals erst 15-jährigen Ingrid Klein verwehrte ihr Heimatpfarrer eine eigene Jungschargruppe. Eva Rasny wusste Rat: Sie kontaktierte ihren Beichtvater Propst Dolezal, damals Dechant des 2. Wiener Gemeindebezirkes, und organisierte, dass Ingrid Klein in der Augustinerkirche im 1. Wiener Gemeindebezirk mit einer Jungschargruppe beginnen konnte.
Man darf sich den Einsatz der Jungscharpionierinnen durchaus als Fulltime-Job vorstellen. Eva Rasny fiel dabei durch besondere Unermüdlichkeit auf. Friederike Lenzeder: „Ich erinnere mich, dass wir einmal gemeinsam von einer internationalen Tagung in Rom heimgefahren sind. Nach durchwachter Nacht – Schlafwagen konnten wir uns nicht leisten – sind wir in Bozen ausgestiegen und haben dort die Südtiroler Jungscharleitung besucht. Dann sind wir weiter nach Telfs und haben dort noch die Tiroler Jungscharverantwortliche besucht. Bei all dem zeigte Evi keine Zeichen von Müdigkeit, während ich mich nur mehr mühsam dahinschleppte." Ihre Fähigkeit, immer wieder das Positive an einer Situation zu erkennen, half ihr, schwierige Situationen geradezu spielend zu bewältigen. So wie damals, als sie als Zentralführerin auf der oberösterreichischen Burg Altpernstein ein Jungscharlager besuchen sollte,

Eva Rasny, 1956 auf Radtour in der Wachau – fotografiert von ihrem Bräutigam Josef Petrik.

sich aber auf dem Weg heillos verirrte und erst spät abends total erschöpft vor dem Burgtor ankam. Da war sie der glücklichste Mensch, weil sie es geschafft hatte, und im Nu war sie der strahlende Mittelpunkt der herbeistürmenden Kinder.

„Evi hat sehr schnell geredet, aber sie hat die anderen nie überfahren und auch gut zuhören können", erzahlt Friederike Lenzeder. Sie beobachtete an ihr eine schnelle Auffassungsgabe, ein waches und sehr breites Interesse sowie eine „austarierende Meinungsbildung": „Sie war fortschrittlich, aber nicht niederreißend. Sie suchte nach einem gangbaren Weg und hat geachtet, wie jemand denkt." In der Kunst des Möglichen sollte sie sich im Laufe ihres Lebens noch oft beweisen können.

Die Ehefrau

Ich habe die beiden immer bewundert, wie sie sich in ihrer Unterschiedlichkeit respektieren und ergänzen.

P. Reinhold Ettel, SJ, langjähriger Geistlicher Assistent des Katholischen Familienwerks

„Das Blitzen in ihren Augen, das war es." Josef Petrik lernt Eva Rasny 1953 kennen. Er war damals hauptamtlicher Diözesansekretär der Bubenjungschar in Wien, sie schon ehrenamtliche Zentralführerin der Mädeljungschar. „Sie hat mir gleich das Du-Wort angeboten, was damals ungewöhnlich war", erinnert sich Josef Petrik. Es war keine Liebe auf den ersten Blick. Ein halbes Jahr lang habe man eine ganz normale Arbeitsbeziehung gehabt, dann habe sich gezeigt, dass man mehr füreinander empfindet. „Der erste Kuss gehört dem Vater meiner Kinder", hatte Eva Petrik als Jungscharführerin ihren Jungscharmädeln eingeprägt. Ob sie sich selbst daran gehalten hat? „Reinheit" und „Sauberkeit" waren damals hohe Werte, zumal für katholische Mädchen. Erst im Juni 1957 haben die Hochzeitsglocken für Eva Rasny und Josef Petrik geläutet. Die beiden waren eines von vielen Paaren, das sich im Kreis der Aktivisten und Aktivistinnen der Katholischen Jugend gefunden hat.

Wer war der Bräutigam, den sich Eva Rasny angelacht hatte? Spondierter Physiker und Mathematiker wie sie, aufgewachsen in Wien-Fünfhaus, einziger Sohn seiner Mutter, die Eltern wurden geschieden, als der Bub acht Jahre alt war. Der von allen Peperl Gerufene hatte es wohl nicht immer leicht, zwischen Mutter und Ehefrau seinen Platz zu finden. Nach der Heirat zog das junge Paar zu Maria Michalek, Peperls Mutter, weil die dem jungen Paar in Aussicht gestell-

Hochzeit im Juni 1957: Eva Rasny und Josef Petrik geben sich das Ja-Wort. Propst Arnold Dolezal gibt dazu seinen Segen.

te Wohnung noch nicht beziehbar war. Als eines Tages die Mutter unter Hinterlassung eines Zettels „Ich kann nicht mehr gemeinsam leben. Die Evi mag mich nicht" verschwunden war, packte das junge Paar die Koffer und siedelte zwischenzeitlich zu Evis Eltern. Im Laufe der Jahre renkte sich das Verhältnis wieder ein. „Als meine Mutter im Alter sehr krank war und von Evi mehrere Monate aufopferungsvoll gepflegt wurde, hat sie besonders deutlich gesehen, dass die Evi sie doch gemocht hat."

Der stille und überlegte Peperl hatte sich, wie er sagte, eine Frau gesucht, die nicht war wie die Mutter, eine, die ihm nicht das Gefühl vermittelte, immer in ihrer Schuld zu sein. Lebenslustig, aktiv, quirlig, so hat er seine Evi erlebt und geliebt.

Schon 1958 kam die erste Tochter Jutta zur Welt. 1960 folgte Tochter Monika, 1961 Tochter Sonja. „Wir haben uns überlegt, ob wir noch ein viertes Kind haben können. Als wir eine größere Wohnung in Aussicht hatten, haben wir uns dazu entschlossen." Die Jüngste, Regina, kommt 1963 zur Welt. Ihre Entbindung gestaltet sich schwieriger, Eva Petrik erleidet einen Blutsturz und laboriert in der Folge auch an einer langwierigen Brustentzündung, die sie ans Krankenhaus bindet. Bei diesem Kind kommt nun auch der Vater stärker zum Pflegeeinsatz. „Das Baden des Babys hat sie mir aber trotzdem nicht zugetraut, da musste immer die Nachbarin kommen." Josef Petrik hatte sich immer gewünscht, auch bei der Entbindung eines Kindes dabei zu sein. Damals wurde das noch als unmöglich abgetan. Tochter Regina hat ihm diesen Wunsch schließlich erfüllt. Sie bot ihm an, bei der Entbindung ihres Kindes Adam dabei zu sein. „Ein unvergessliches Ereignis, für das ich sehr dankbar bin", sagte Josef Petrik.

Das junge Ehepaar Petrik ging daran, seine Welt zu konsolidieren. Eine Wohnung im 18. Bezirk, vier lebhafte Kinder,

Das junge Ehepaar Petrik, einen Monat nach der Hochzeit auf Urlaub in Karlstein an der Thaya: Sie stopft, er liest die Zeitung, für die damalige Zeit geradezu ein Idyll, für die Petriks aber keine lebenslänglich gültige Teilung von Hausarbeit und Interessen.

eine geistliche Heimat in der Pfarre Pötzleinsdorf und dazu beide berufstätig, Josef Petrik die meiste Zeit als Personalreferent im Wiener Landesschulrat und Lehrer an einer Abendschule, Eva als teilzeitbeschäftigte Lehrerin am Gymnasium des Bundes Neuland und dazu noch stark nachgefragte Referentin in der kirchlichen Erwachsenenbildung. Sehr viel Zeit zu zweit blieb da wohl nicht.
Die beiden mussten sie sich schaffen und fanden sie bei „Equipe Notre Dame", was übersetzt so viel heißt wie „die Mannschaft unserer Lieben Frau". Diese aus Frankreich kommende Organisation animiert ihre Mitglieder zu einer vertieften Ehespiritualität. „Für uns war die Ehe ein Sakrament, das heißt, Gott war für uns immer der Dritte im Bund", sagt Josef Petrik. Zur Gruppe der „Equipe Notre Dame" kamen die Petriks über Bekannte aus der Jugendzeit. Sieben Paare und ein Priester trafen einander monatlich und gestalteten nach einem fixen Programm ihr Zusammensein.

Eva und Josef Petrik 1987, wenige Monate vor ihrer Silberhochzeit, die durch einen dramatischen Herzinfarkt von Josef Petrik überschattet wurde.

Ein gemeinsames Essen, danach Schriftlesung, persönlicher Austausch, Diskussion über ein von den Gastgebern vorbereitetes Thema und zum Abschluss das frei formulierte Fürbittgebet bestimmten den Ablauf. Das gemeinsame Gebet sollte das Paar auch daheim pflegen. „Wir hatten beide das Magnifikat im Nachtkastl und haben es oft vor dem Schlafengehen miteinander gebetet", erzählt Josef Petrik.
„Es ist mir nicht leicht gefallen, in diesen Runden auch über persönliche Probleme zu reden. Aber es schweißt auch zusammen. Wenn einer Sorgen hat, dann beten die anderen für ihn", berichtet Hilde Fuchsbauer, seit 1961 bei derselben Gruppe von „Equipe Notre Dame" wie die Petriks.
So werden auch Evi und Peperl erzählt haben von ihren Sorgen mit den Kindern, von den Glaubenszweifeln und den Kirchenkrisen. Bis zuletzt war die Equipe-Runde ein wichtiger Ankerplatz. Im September 2007 nahm Evi zum letzten Mal daran teil. Die Runde im Oktober hielt Josef alleine in ihrer Wohnung ab, Evi war schon im Spital. In seiner kur-

Josef Petrik, der Zuhörende, Geduldige, und Eva Petrik, die Temperamentvolle, Diskutierfreudige: Beide waren in vielen kirchlichen und öffentlichen Funktionen tätig. 1991 entstand bei der Jahrestagung der KEBÖ (Katholische Erwachsenenbildung Österreichs) dieses Bild.

zen Zeit als Witwer fand er in der Runde auch tatkräftige Unterstützung im Alltag.

In Josef Petriks Leben spielte das Thema Ehe und Familie im kirchlichen Engagement eine wichtige Rolle. Als Vorsitzender des Katholischen Familienwerkes war er mit allen Fragen der kirchlichen Ehe- und Sexualmoral direkt konfrontiert. Zwischen den rigiden Moralvorstellungen des Lehramtes und dem gelebten und lebbaren Leben von Eheleuten zu vermitteln, brauchte es gerade die für Josef Petrik sprichwörtliche Besonnenheit und Geduld. Und das stellte auch das Ehepaar Petrik selbst immer wieder vor Entscheidungen. „Wir haben lange die natürliche Empfängnisregelung mittels Temperaturmessung praktiziert. Als der Zyklus meiner Frau aber zu unregelmäßig wurde, riet uns der Frauenarzt zu einer guten Verhütung. Sonst bekämen wir jedes Jahr noch ein Kind." Die Pille war auch für Petriks das Mittel der Wahl, das sie mit ihrem Gewissen rechtfertigen konnten, ganz in Übereinstimmung mit der *Mariatroster Erklärung* der österreichischen Bischöfe. In Reaktion auf die Enzyklika *Humanae Vitae*, die jede andere Empfängnisregelung als die sogenannte natürliche für katholische Paare ausschloss, gesteht die *Mariatroster Erklärung* Eheleuten zu, mit einem gebildeten Gewissen selbst zu entscheiden, welche Form der Familienplanung sie wählen. Josef Petrik: „Verantwortete Elternschaft hieß für uns, gut zu überlegen, wie viele Kinder man verantworten kann."

„Einer war ohne den anderen nicht denkbar", „eine ideale Ehe", „sie haben sich wunderbar ergänzt", „ohne seine Unterstützung hätte Evi all ihre Aufgaben nicht leisten können" – in diese Tonlage stimmen die Freunde und Zeitzeugen ein, wenn sie von „den Petriks" reden. Ist das nur eine sichtbare Außenseite, oder deckt sie sich mit der Innenseite dieser Beziehung?

Die Töchter können sich nicht an gravierende Konflikte ihrer Eltern erinnern. Die beiden hätten kaum einmal gestritten. Weswegen sich die Sache mit der Extrawurst auch besonders tief in die Erinnerung eingeprägt hat: Die Familie war auf der Heimfahrt von einer Reise. Vater Petrik hielt bei einem Geschäft noch an, damit Mutter Petrik eine Jause einkaufen konnte. Die kam zurück, im Einkaufssackerl eine Portion Schinken und nicht wie üblich eine Portion Extrawurst. Diese Ausgabe empfand Vater Petrik als unnötig, und so dürfte ein Wortwechsel die Folge gewesen sein, der den Kindern als ausgewachsener Streit im Gedächtnis blieb.

Noch eine Episode wird vielfach erzählt, wenn von „den Petriks" die Rede ist. Sie läuft unter dem Stichwort „Silberhochzeit": Das Ehepaar Petrik hatte Familie und Freunde zu einem Gottesdienst anlässlich der Silberhochzeit eingeladen. Die Kirche war gut gefüllt mit den Gästen, als die

Eva und Josef Petrik bei ihrer Goldenen Hochzeit 2007. Die Familie hat gezittert, ob Eva trotz ihrer schweren Erkrankung das Fest noch schaffen würde. Weihbischof Helmut Krätzl feierte schließlich mit dem Paar und einer großen Schar von Familie und Freunden das Fest. Die Enkelinnen Mirjam, Flora und Teresa ministrierten.

Sakristeitür sich öffnete, und Eva allein heraus und vor das Mikrofon trat. Sie sei alleine da, denn Peperl habe vergangene Nacht einen schweren Herzinfarkt erlitten. „Und nun halten wir einen Dankgottesdienst, dass er ihn überlebt hat."

Josef Petrik erinnerte sich an diesen Vorfall genau, weil er seiner Wahrnehmung nach in ihrem Eheleben eine wichtige Rolle spielte. „Ich war ja nach dem alten Ehemuster angetreten und habe das auch in den Ehevorbereitungskursen immer erzählt, dass der Mann das Haupt der Familie ist und die Frau das Herz. Bis mir jemand einmal gesagt hat, aber bei euch ist das doch gar nicht so. Da ist doch die Evi die viel Stärkere." Der Herzinfarkt war Anlass für das Paar, genauer über die Beziehung zueinander zu reflektieren. Evi habe ihm manche Entscheidungen abgenommen, weil sie einfach schneller gewesen sei. Und: „Sie hat jeden Streit

gewonnen, weil sie die Schlagfertigere war.“ Es sei ihr lange schwer gefallen, ihn auch tatsächlich anzuhören und Kritik nicht abzublocken. Sie sei aber draufgekommen, dass sie ihn nicht überrunden dürfe. „Wir haben beide erst im späteren Alter eine Beziehung zueinander gefunden, wo wir auf den anderen näher eingehen konnten, auch in der Auseinandersetzung. Wir waren schon fast sechzig Jahre alt, als es eine ideale Verbindung wurde.“
Auf die Goldene Hochzeit im Juni 2007 hat das Paar dann „hingezittert.“ Eva ging es schlecht. Als klar war, sie könnte es schaffen, plante und organisierte die Familie das Jubiläum. Gestützt auf einen Stock und den Arm ihres Mannes absolvierte Eva das Fest, strahlend trotz Schmerzen.

Die Mutter und Großmutter

Die Petriks waren eine Familie, an der man auch ablesen konnte, wie sich die Welt verändert.

Erhard Busek, politischer Mentor und Freund

Wie gut, dass die Firma Lilienthal ihre Kaffeetassen in verschiedenen Farben herstellte. Das minimierte die Streitgefahr im Hause Petrik, weil morgens für jede Tochter ein Kakaohäferl in der persönlichen Farbe bereitstand. Befüllt wurden die Frühstückstassen vom Vater. Der schmierte auch die Jausenbrote und brachte der Mutter den Kaffee ans Bett, während sich die Töchter schulfertig machten. Zum Aufgabenbereich des „Vati“, wie er von den Töchtern gerufen wurde, gehörten auch Dinge wie Finanzen und Urlaubsplanung. Josef Petrik war zudem der Buchhalter und Archivar der Familie. Er führte Listen, wer Urlaubskarten bekommt, penibel mit Titeln und Adressen, und er notierte, was bei den Familienweihnachtsfeiern in welcher Menge eingekauft und gegessen worden war, um im nächsten Jahr besser planen zu können. „Aber es gab trotzdem immer zu viel“, weiß Tochter Jutta.
Die „Mutti“ hat allerdings, wie die Töchter übereinstimmend erzählen, „in der Familie immer die Fäden in der Hand gehabt“. Eva Petrik fühlte sich dem traditionellen Frauenbild verpflichtet, das die Familie als Hauptaufgabe der Mutter sieht. Bis zum 12. Lebensjahr der jüngsten Tochter war sie als Lehrerin nur in Teilzeit berufstätig, auch wegen des notwendigen Zuverdienstes für die große Fami-

lie. Was Eva Petrik in der Jungschar selbst erfahren, gelernt und gelehrt hatte, war für sie auch als Mutter Programm: jedes Kind in seiner Individualität erkennen und fördern, es fest im Glauben und in der Pfarre verwurzeln, seine Verantwortung für die Welt wecken und durch konkrete Teilhabe auch spürbar machen.

Die älteste Tochter Jutta galt in der Familie als die wissenschaftlich Begabte. „Sie war in der Familie das intellektuelle Genie, sie musste sich in der Schule nie plagen", erzählt die Zweitgeborene Monika. Sie selbst galt eher als die praktisch Veranlagte. Als sie in der vierten Klasse Gymnasium auf eine Mathematik-Schularbeit einen Fünfer bekommen hatte, war Eva Petrik so geschockt, dass sie einen Verkehrsunfall verursachte. In der Aufregung über die Mitteilung der schlechten Note wollte sie sofort in die Schule fahren, um mit dem zuständigen Lehrer zu reden. Sie übersah eine Stopptafel und kollidierte mit einem anderen Auto. Der Blechschaden hielt sich in Grenzen. Auch das Versagen der Tochter war nur vorübergehend. Sie wurde später sogar wie die Mutter Lehrerin an der Neulandschule.

„Meine Mutter gehörte einer Generation an, in der die Eltern sich für alles verantwortlich fühlten. Sie meinten, wenn sie alles richtig machen, müsste beim Kind auch alles richtig werden. Daher fühlten sie sich vermutlich manchmal für mehr zuständig, als tatsächlich in ihrer Macht stand", versucht Tochter Regina eine Analyse.

Sie selbst galt in der Familie als die Musikalische und wurde zusammen mit Monika der praktisch veranlagten Hälfte der Kinderschar zugerechnet. „Dabei fühlte ich mich in der Pubertät durch diese Zuschreibung zutiefst missverstanden. Ich fühlte mich viel mehr als Intellektuelle." Die dritte Tochter, Sonja, als Kind schüchtern und eher burschikos, wurde hingegen sportlich sehr gefördert. Sie war es auch, die als „Revoluzzerin" einiges infrage stellte, was den Eltern

Eva und Josef Petrik mit ihren Töchtern. Von links: Jutta, die Älteste, Sonja, die Dritte, Regina, die Jüngste und Monika, die Zweitgeborene.

als heilig galt. Dass sie mit 12 Jahren den gemeinsamen Gottesdienstbesuch am Sonntag verweigerte, kam einer Katastrophe gleich. Als sie mit 15 den ersten Freund hatte und auch von vorehelicher Enthaltsamkeit ganz offensichtlich wenig hielt, kostete das die Mutter Tränen. „Aber unsere Eltern haben sich immer offen auf uns eingelassen. Sie sind mit uns gewachsen", erzählt Sonja Sommergruber, die heute als Ärztin in Linz lebt.

Wer weiß schon, wie viele innere Kämpfe, wie viel Unsicherheit und wie viele Zweifel sich für Eltern mit den täglichen Fragen verbinden, was für die eigenen Kinder gut ist? Was tun, wenn die gerade 15-Jährige die Mutter um eine Zigarette bittet? Eva Petrik hat damals zu Sonja auf deren Ansinnen gesagt: „Nimm dir eine." „Nicht einmal aufgeregt hat sie sich", soll die enttäuschte Sonja daraufhin geklagt haben. Die Älteste, Jutta, kam nach einem Auslandsjahr als Theologiestudentin aus Tübingen mit dem Wunsch nach Wien zurück, nun in eine Wohngemeinschaft zu ziehen.

Religiöse Erziehung spielte in der Familie Petrik eine große Rolle. Alle vier Mädchen erhielten die „Frühkommunion", die ihnen schon vor der Erstkommunion mit sieben Jahren den Empfang des Sakramentes erlaubte. Die Feier der fünfjährigen Regina zur Frühkommunion fand bei Petriks daheim statt. Propst Dolezal feierte die Messe. Freunde und Verwandte waren geladen.

Mit der Reaktion der Mutter hatte sie nicht gerechnet. „Sie hat geweint und war ganz niedergeschlagen. ‚Wieso gefällt es dir in der Familie nicht mehr?', wollte sie von mir wissen." Jutta ist dann erst nach ihrer Heirat mit 23 Jahren ausgezogen.

Wen wundert es, wenn Eva Petrik ihren Stress manchmal auch lautstark abbaute oder an Migräne litt? Wer kann schon aus eigener Erfahrung sagen, wie es ist, sich von einem Pulk aus vier Töchtern auch als Frau infrage gestellt zu fühlen? Wer kann schließlich ermessen, was es bedeutet, wenn die eigenen hohen Werte einer unauflöslichen Ehe von den eigenen Töchtern nicht gelebt werden können? Die Ehe der ältesten Tochter scheiterte. Ihre Wiederverheiratung mit einem ehemaligen Mönch war eine zusätzliche Herausforderung für die Eltern. Auch die Ehe der dritten

Tochter Sonja ging in die Brüche. „Meine Eltern sind eigens angereist, um mit meinem Mann zu reden. Aber nicht, um ihn zu tadeln, sondern um bei einer konstruktiven Lösung für die ganze Familie mitzudenken", erzählt Sonja Sommergruber.

Es wären nicht die Petriks gewesen, hätten sie ihre eigenen Erfahrungen nicht auch in ihr kirchliches Engagement einfließen lassen. Josef Petrik engagierte sich im Katholischen Familienwerk besonders für wiederverheiratete Geschiedene. Eva Petrik gab als Referentin für Familien- und Kinderfragen ihr Erfahrungswissen, reflektiert durch aktuelle psychologische und pädagogische Erkenntnisse, gerne weiter.

Eine wie Eva Petrik hat immer versucht, sich den Herausforderungen der Zeit zu stellen. Kämpfte sie in den 1950er-Jahren noch als Jungscharaktivistin gegen „Schmutz und Schund", griff sie in den 1970er-Jahren die neue Welle einer offenen Sexualerziehung auf und versuchte, sie einem katholisch geprägten Publikum zu vermitteln. Wie weit sie damit auch bei ihren eigenen Töchtern Erfolg hatte? „Wir haben ja gewusst, wo die Aufklärungsbücher stehen, und haben sie uns selbst aus dem Regal geholt", schmunzelt Tochter Sonja.

Eva Petrik ging mit der Zeit, auch in der Organisation ihres Familienhaushaltes. Als mäßig begeisterte Hausfrau suchte sie bald Unterstützung durch eine Zugehfrau, die dreimal die Woche putzte, bügelte und kochte.

Ihre Stärken konnte sie entfalten, wenn es um Feste und Feiern in der Familie ging. Jeder Kindergeburtstag wurde von Eva Petrik mit Spielen, Singen, Essen minutiös vorbereitet. „Wir wurden von den anderen Kindern um diese Feste beneidet", erzählt Tochter Jutta Gut. Einmal im Advent gab es einen Bastelnachmittag, den die Töchter liebten, genauso wie das gemeinsame Keksebacken.

Die Kinder erlebten in ihrer Familie ein offenes Haus. Gäste gehörten zum Alltag. Viele Würdenträger aus Kirche, Politik und Medien lernte der Petrik'sche Nachwuchs bei der Jause kennen. „Mein Sohn Jakob wurde als Baby sogar von Kardinal König gehutscht", erzählt Tochter Monika Altersberger. Und als sich Moritz einem anderen Herrn vorstellte mit: „Ich bin der Moritz", erwiderte der: „Und ich bin der Max." Vor ihm stand der Linzer Diözesanbischof Maximilian Aichern.

Offen war die Tür bei Eva und Josef Petrik aber auch immer für Hilfesuchende. Eva Petrik übernahm selbstverständlich die Kinder ihrer Schwester Moni Wobornik zur Betreuung, als diese krank war. Sie lud sogar eine Schülerin, deren Mutter schwer krank war, mitsamt einer Freundin ein, in den Familienurlaub an das Nordkap mitzufahren. Sie half, wo sie konnte, vermittelte Kontakte und hatte ein Ohr, wenn jemand ihren Rat suchte. „Es hat uns natürlich nicht immer gepasst, dass wir unsere Mutter mit so vielen anderen teilen mussten", reflektiert Tochter Regina.

Verstand sich Eva Petrik als Vorzeigemutter, ihre Familie als Vorzeigefamilie? „Das glaube ich nicht", sagte Josef Petrik. „Wir waren uns bewusst, dass sehr vieles auch Gnade war. Andere Eltern aus unserem Freundeskreis haben sich genauso bemüht und trotzdem ist manches nicht so gelungen wie bei uns." Dennoch: „Wir sind schon stolz auf unsere Familie und zeigen sie auch gerne her."

Zum Gelungenen zählten die Eltern Petrik, dass sie ihren Kindern Kirche als Heimat vermitteln konnten. Alle Töchter waren von Kindheit an in der Pfarre eingebunden, waren Jungschar-Gruppenleiterinnen oder folgten, wie die Jüngste, Regina, als Mitglied der Bundesleitung der Jungschar sogar in Funktionen der Mutter nach. Drei der vier Töchter sind derzeit stellvertretende Vorsitzende eines Pfarrgemeinderates.

Tochter Jutta Gut, während des Studiums Vorsitzende der

Eva und Josef Petrik mit ihren jugendlichen Töchtern. Von links: sitzend Regina, Eva, Josef, Sonja, stehend Monika und Jutta.

Katholischen Hochschuljugend, erinnert sich, dass sie als Kind beim „Österreichischen Synodalen Vorgang", zu dem ihre Mutter als Delegierte und Moderatorin beitrug, als Helferin herangezogen wurde und Abstimmungszettel verteilt hat. Tochter Regina hat die Wartezeiten hinter Bühnen noch präsent, wenn ihre Mutter vorne, wie etwa bei der großen Kundgebung der „Aktion Leben" in Linz, eine Rede hielt. „Wir haben auch etwas davon gehabt, die Töchter der Petriks zu sein", meint Regina nüchtern. „Wir haben an der Anerkennung, die unsere Eltern genossen, mitgenascht." Die Kirche blieb den heranwachsenden Petrik-Töchtern vielleicht auch deswegen als Heimat erhalten, weil sie sich mit ihren Eltern eines Sinnes wussten. „Sie waren ja wie wir auch eher oppositionell und wollten Änderungen haben", meint Regina Petrik-Schweifer.
Die kirchliche Bindung setzt sich auch bei den Enkeln fort. Zum Beispiel sind die drei Kinder von Tochter Monika in der Pfarre und in der Jungschar engagiert, selbst wenn das

Familie Petrik im Jahr 2002: vollständig mit allen vier Töchtern, Schwiegersöhnen und zwölf Enkelkindern. Vorne in der Mitte sitzend Josef Petrik, hinten in der Mitte stehend Eva Petrik.

für heute 20-Jährige in einer Großstadt wie Wien „wenig cool“ ist. Als ihre Großeltern beim 60-Jahr-Jubiläum der Jungschar geredet haben, waren sie, wie Jakob, bis vor kurzem Gruppenleiter der Jungschar, erzählt, bei den Jungen „schwer anerkannt.“ Wer hört nicht gern: „Super, deine Großeltern sind toll!“ Regina Petrik-Schweifer meint, dass ihre Eltern „keine Ehemaligen waren, die dauernd genörgelt haben, was nicht mehr wie früher ist, sondern dass sie gesehen haben, es braucht auch eine Weiterentwicklung.“

Eva und Josef Petrik haben diese Herausforderung auch als Großeltern angenommen. Sie pflegten den Kontakt zu ihren zwölf Enkelkindern. Nicht nur, dass die Großeltern als Mathematik-Coaches begehrt waren. Vor allem die gemeinsamen Reisen mit der Enkelschar sind legendär. War mit den Kleineren der steirische Stubenbergsee das Ziel der Fahrt, wurden die Reisen mit den Größeren individueller und vor allem auf Kunst und Kultur ausgelegt. „Der Opapa hatte immer alles gut geplant, aber wir hatten auch die Freiheit, einmal zu sagen, jetzt wollen wir nichts mehr anschauen“, erzählt Enkel Jakob. Manchmal war vielleicht auch nur Reden angesagt. „Opa und Oma waren die besten Zuhörer. Die haben sich sogar für mein Football interessiert“, schwärmt Enkel Jakob. „Und sie wollten immer wissen, woran es denn liegt, dass die Kirche für die Jungen nicht mehr attraktiv ist, und was wir meinen, das man ändern könnte und machen müsste“, ergänzt sein Bruder Moritz.

Die Lehrerin und Erwachsenenbildnerin

Sie konnte die Menschen annehmen, wie sie sind.

Monika Franta,
Mitarbeiterin von Eva Petrik bei „Kinder in Wien"

„Evi betrat also den Chemiesaal. Ihr Haar war schon ziemlich grau. Das war das Erste, das uns auffiel. Und dass diese Frau irgendetwas Außergewöhnliches an sich hat, war uns sofort klar. ‚Du, ich glaube, sie war einmal wunderschön', flüsterte mir Julia ins Ohr. Ich stimme zu. Sie muss umwerfend gewesen sein, als ihre Haare noch nicht grau waren. Und wir phantasierten über Evi: blond, kastanien- oder dunkelbraun. Wir wussten noch nichts über sie. Und wir hatten keine Ahnung von Begriffen wie Charisma. Rätselhaft blieb unser plötzliches Interesse für die chemische Gleichung. Und dieses leicht kribbelnde Gefühl, wenn wir erst die vielen Stiegen zum Chemiesaal erkletterten, um dann darauf zu warten, dass sie kam." Welche Lehrerin kommt schon in den Genuss einer solchen Hommage? Eine schwärmerische Erinnerung, die Eva Petriks Schülerin Elisabeth Hotter der verehrten Lehrerin anlässlich des 70. Geburtstages überreichte.

Ein besonderes Verhältnis, wie Eva Petrik es selbst als Schülerin in den Neulandschulen erlebt hatte, pflegte auch sie selbst zu ihren Schützlingen. Stets ging es um mehr als Mathematik, Physik und Chemie. Es ging der Lehrerin

Eva Petrik als Lehrerin im Chemieunterricht: Sie hatte das Fach gewählt, weil sie selbst eine Chemielehrerin hatte, die sie dafür begeistern konnte.

immer um den ganzen Menschen. So entstanden Bindungen, die durchaus untypisch sind. Besagte Elisabeth Hotter wechselte nach der Unterstufe in ein Musikgymnasium, setzte sich aber ihre ehemalige Lehrerin als Firmpatin in den Kopf. Eine andere Schülerin, Angelika Schlegel, verbrachte als 13-Jährige ein Jahr im Internat der Neulandschule. Ihre Eltern waren nach Deutschland in die „Integrierte Gemeinde" übersiedelt, und die Pubertierende hatte sich geweigert, mitzuziehen. „In dieser Zeit hat Evi sich sehr engagiert um mich gekümmert. Ich war oft am Wochenende bei ihr und Peperl und hatte den Eindruck, dass sie mich beide gerne mochten." Sie hat die Lehrerin und Freundin der Familie in Erinnerung behalten als „strahlend, resolut, energievoll, ehrlich und herzlich". Angelika Schlegel traute ihr aber durchaus auch zu, „absolut wehrhaft und konfliktbereit" zu sein.

Eine Seite, die Luitgard Derschmidt, die derzeitige Präsidentin der Katholischen Aktion Österreichs, bestätigen

Zu ihren Schülerinnen in der Neulandschule pflegte Eva Petrik ein sehr freundschaftliches Verhältnis. Zu vielen blieb über die Schulzeit hinaus ein Kontakt bestehen. Das Foto zeigt sie mit einer 8. Klasse im Schuljahr 1974/75.

kann. „Aber Eva hat nie die Konfrontation um ihrer selbst willen gesucht." Sie erlebte Eva Petrik ebenfalls als Lehrerin im Neuland-Gymnasium: „Quirlig, sprudelig, eine, die immer viel geredet hat." Ganz im Sinne von Neuland hat sie den Schülerinnen auch viel aus ihrem eigenen Leben erzählt. So waren die Schülerinnen stets über den Entwicklungsstand der ältesten Tochter ihrer Lehrerin, Jutta, informiert. Die Lehrerin verstand es aber auch, ihr Fach mit Begeisterung zu vermitteln. Luitgard Derschmidt hat sogar überlegt, Chemie zu studieren.
Auch Ruth Steiner, später Generalsekretärin der Katholischen Aktion Österreichs, als Eva Petrik deren Präsidentin

war, erlebte die Lehrerin Eva Petrik als Neuland-Schülerin. „Sie war damals oft schwanger, aber wenn sie da war, war sie eine sehr intensive Lehrerin. Sie war immer gut aufgelegt und hat versucht, den Menschen zu verstehen." Dieses Verstehen ging so weit, dass sie auch sehr direkt in das Leben einer Schülerin eingegriffen hat, wenn es ihr notwendig schien. Als sie erkannte, dass ihre Schülerin Petra Fast an Depressionen litt, schickte sie sie zuerst zum Schularzt und brachte sie dann selbst in die psychiatrische Klinik. Aus dieser Fürsorge der Klassenvorständin entwickelte sich eine lebenslange Beziehung zur ehemaligen Schülerin. Bis zuletzt haben Petra Fast und Eva Petrik einander geschrieben, miteinander telefoniert und Geschenke ausgetauscht. Die Lehrerin war auch die erste in der Schule, die erfuhr, dass die 17-jährige Petra schwanger geworden war. „Manchmal durfte ich dann mit meiner Tochter in ihrer Wohnung bleiben, wenn die Familie verreist war. Sie hatte einfach großes Vertrauen."

Eva Petrik war von 1956 bis zur Pensionierung 1991 durchgehend Lehrerin am Neuland-Gymnasium. Selbst während ihrer aktiven Zeit als Wiener Stadtpolitikerin blieben Dienstag und Donnerstag Vormittag als Unterrichtszeiten „heilig", wie sich Monika Franta, ihre Mitarbeiterin bei „Kinder in Wien", erinnert.

Der Schuldienst war nicht das einzige Betätigungsfeld der Pädagogin. Sie war zudem eine gefragte Referentin des Katholischen Bildungswerkes und verschiedener kirchlicher Organisationen. „Sie ist oft dreimal pro Woche irgendwo in Niederösterreich am Abend unterwegs gewesen und hat Vorträge gehalten", erinnert sich Tochter Monika Altersberger. Ihre Themen: Familie, Kinder, Sexualerziehung.

Ein reiches Betätigungsfeld fand Eva Petrik auch in schriftlicher Form. Immer wieder verfasste sie Beiträge für die *Welt der Frau*, damals geleitet von ihrer Jungschar-Freundin Friederike Lenzeder. Es waren die debattierfreudigen 1970er-Jahre. So wurde etwa anhand von Beispielen diskutiert, ob eine Mutter sich in einer Erziehungssituation richtig oder falsch verhalten habe. In einem Text gibt Eva Petrik „Zehn Ratschläge für die Erziehung des ersten Kindes". Ratschlag Nummer fünf lautet: „Regen Sie sich nicht gleich über alles auf." Immer wieder werden die eigenen Kinder beobachtet, und das Beobachtete wird anschließend im Hinblick auf den pädagogischen Wert referiert. Wenn die vierjährige Tochter Jutta ein Behältnis für ein nächstes „Butzerl" bastelt, sieht die Mutter darin eine Möglichkeit, ein aufklärendes Gespräch anzuknüpfen. Die Gestaltung der Feier nach der Taufe daheim mit den Taufpaten aller Kinder, dem Taufpriester und der von der Mutter selbst gestalteten Taufkerze dient als Beispiel, wie religiöse Erziehung vertiefend nahegebracht werden kann.

In der Familie Petrik gehören Gebete zum täglichen Ritual, das mit den Kindern geübt wird. 1970 veröffentlicht Eva Petrik ein Buch mit dem Titel *Mit meinen Kindern einen neuen Weg. Religiöse Erziehung im Vorschulalter*, für die Katholische Frauenbewegung verfasst sie die *Elternbriefe*, die Eltern über die persönliche und religiöse Entwicklung von Kindern informieren sollen. Dazu kommen viele „Rundenunterlagen", die den Gruppen der Katholischen Frauenbewegung eine Anregung zu thematisch gestalteten Abenden geben. Ihr Themenbogen spannt sich von „Auseinandersetzung mit Glaube und Kirche" über „Konfliktlösung in der Partnerschaft" zu „Hinführung zur Liturgie durch die Familie" oder „Mütter und Töchter".

Als Lehrende versteht Eva Petrik sich auch als Lernende. In einem Beitrag für die *Welt der Frau* 1989 erläutert sie, was sie in der Erziehung von ihren Kindern gelernt hat. Dass der Petrik'sche Nachwuchs nichts unbegründet hinnahm, stets Argumente einforderte und die Ansichten der Mutter auch

Bis zu ihrer Pensionierung 1991 blieb Eva Petrik Professorin an der Neulandschule. Auch während ihrer politischen Tätigkeit ab 1983 gab sie den Schuldienst nicht ganz auf. 1987 wurde dieses Foto aufgenommen, das Eva Petrik (Zweite von rechts) mit den Kolleginnen und Kollegen des Lehrkörpers zeigt.

kritisch hinterfragte, kann Eva Petrik jedenfalls im Nachhinein positiv sehen. „Die Welt auch mit den Augen der eigenen Kinder sehen können, heißt, die heutige Welt besser verstehen, heißt, nicht gestrig sein, sondern im Heute leben“, schreibt sie abschließend.

Die Lehrerin und Erwachsenenbildnerin Eva Petrik ist unermüdlich. In der Pfarre ist sie es, die mit der neu entstehenden Erstkommunionvorbereitung der Kinder beginnt und die Tischmütterschulung übernimmt. In der Religionspädagogischen Akademie der Erzdiözese Wien unterrichtet sie zehn Jahre das Fach Sexualpädagogik.

Dazu kommt das weite Feld der Ehevorbereitung und Familienbildung, das damals innerkirchlich hochaktuell ist und vor allem durch das beharrliche Engagement von Josef Petrik und dem Katholischen Familienwerk eine Blüte erlebt. Das Paar referiert gemeinsam bei Ehevorbereitungs-

Bei zahlreichen Veranstaltungen und Symposien war Eva Petrik gern gesehener Gast und oft auch Referentin – wie 1993 beim „Forum Ostarichi" des Katholischen Laienrates Österreich.

kursen, die für Paare, die kirchlich getraut werden, zum verpflichtenden Vorprogramm werden. In ihrer Heimatpfarre initiieren die beiden Familienrunden, die ein vertieftes, religiös fundiertes Verständnis des familiären Lebens bringen sollen.

Von 1988 bis 1994 mündet Eva Petriks erwachsenenbildnerisches Engagement auch in ein großes Ehrenamt: Sie wird Präsidentin der Bundesarbeitsgemeinschaft für Katholische Erwachsenenbildung. Damals ist sie schon durch ihre politische Tätigkeit in der ÖVP Wien eine versierte Netzwerkerin und öffentliche Akteurin.

„Sie hat uns in der BAKEB ein neues Selbstbewusstsein gegeben", erinnert sich ihre damalige Mitarbeiterin Barbara Pfaffenwimmer. „Sie hat uns gezeigt, dass das, was wir machen, wichtig und öffentlich bedeutsam ist, und dass wir uns ohne Scheu auch in den öffentlichen Diskurs einbringen können." Barbara Pfaffenwimmer hat besonders eine Tagung im Gedächtnis, die der damals stark geschürten

Ausländerfeindlichkeit entgegenwirken sollte. „Eva hat uns voll unterstützt und uns durch viele Kontakte auch Sponsoring und öffentliche Resonanz ermöglicht." Eva Petrik war, obwohl konservativ geprägt, wie Barbara Pfaffenwimmer meint, immer bereit zu einer Reflexion über eine zeitgemäße katholische Erwachsenenbildung. Dialog und Bildung als lebenslanger Prozess wurden zu wichtigen Schlagwörtern. Das Ziel kirchlicher Bildungsarbeit sei, sagte sie 1990, „menschenerweckend" zu wirken.

Was treibt Eva Petrik zu so viel Engagement an? 1986 wird sie für die Schülerzeitung des Neuland-Gymnasiums interviewt. Man erfährt, dass ihre Lieblingsschriftsteller zwei Frauen sind, Christine Busta und Christine Nöstlinger. Sie antwortet auf die Frage nach ihren Lieblingsmalern mit „Paul Klee und Miro", weil deren Abstraktes ihr „Leichtigkeit, Buntheit, Vielfalt und Lebendigkeit" signalisierten und sie froh stimmten. Und ihr persönlicher Traum? „Mir auch am Ende noch sagen zu dürfen: Mein Leben hatte einen Sinn."

Die Kirchen-funktionärin

Eva Petrik hat in ihrer Art in der Kirche mehr bewegt als mancher Bischof oder Pfarrer.

Weihbischof Helmut Krätzl,
Weggefährte und Freund der Familie

Das Bild zeigt eine strahlende Eva Petrik: Katholikentag 1983, Kardinal König geht durch die Menschenmenge über den Wiener Stephansplatz, ganz offensichtlich gut gelaunt, rechts von ihm ein dynamisch wirkender Eduard Ploier, Vorsitzender des Katholikentages, links von ihm Eva Petrik, die stellvertretende Vorsitzende. Ihre Funktion war zu diesem Zeitpunkt die hierarchisch höchste, die eine Frau in der Katholischen Kirche Österreichs einnehmen konnte. „Wir haben überlegt, welche Frau für diese Aufgabe infrage kommt", erzählt Walter Schaffelhofer, damals Generalsekretär des Katholikentages.

„Eva Petrik ist uns sofort eingefallen, sie war einfach in der Katholischen Kirche eine bekannte Größe." Ob „Quotenfrau" oder „Vorzeigefrau", Eva Petrik war immer gut für repräsentative Aufgaben in der Kirche. Sie war vielfach engagiert, mit vier Kindern eine Frau, die ihre Mütterlichkeit ganz im kirchlichen Wunschbereich lebte, war eloquent und, wie Walter Schaffelhofer meint, „eine hübsche Frau mit Charme". „Sie war eine Person, die man sich gemerkt hat", ergänzt Weihbischof Helmut Krätzl. „Sie war immer auf der Höhe der Zeit, sie war klug mit ihrer Kritik, nie polemisch, hat die Dinge beim Namen genannt, aber

Ein Höhepunkt des kirchlichen Engagements war für Eva Petrik 1983, als sie stellvertretende Vorsitzende des Katholikentages war. Zusammen mit dem Vorsitzenden Eduard Ploier (rechts) und Kardinal Franz König (Mitte) gelang ein Katholikentag, der wichtige Fragen diskutierte, Katholiken aus allen Bundesländern in Wien versammelte und zum Abschluss auch noch Papst Johannes Paul II. als Gast aufbieten konnte.

doch so moderat, dass man das Vertrauen in sie nicht verloren hat."

Im Nachhinein scheint dieser Katholikentag 1983 wie ein Scheidepunkt kirchlicher Entwicklung. Als „Apotheose der Ära König" bezeichnet ihn Walter Schaffelhofer. Das Bild, das den Kardinal mit zwei hochrangigen Laien als Repräsentanten der katholischen Kirche Österreichs zeigt, sollte schon bald historisch werden. Künftig würden wieder die Bischöfe allein das öffentliche Bild der Kirche dominieren. 1983 manifestierte sich noch einmal das konziliar geprägte Verständnis einer Kirche, die „wir alle" sind. Die Katholische Aktion Österreichs übernahm als größte Laienorganisation sehr selbstbewusst von der Bischofskonferenz das Mandat für die Vorbereitung des Katholikentages. Die Ein-

Im Mai 1982 zeichnete Kardinal Franz König Eva und Josef Petrik gemeinsam mit dem Silbernen Stephanusorden für ihre Verdienste um die Katholische Kirche der Erzdiözese Wien aus.

ladung von Papst Johannes Paul II. machte aber auch schnell die Spannungen zum wieder aufkeimenden Primat des Klerus deutlich. Man wollte den Papst, den neuen medialen „Superstar" der Kirche, dabei haben, aber man wollte ihm nicht die Bühne allein überlassen. „Wir wollten keine Papstshow, sondern ein spirituelles Ereignis", erläutert der Wiener Weihbischof Helmut Krätzl. Der Papst sollte Gast, aber nicht der Inhalt des Katholikentages sein. Ganz im Sinne einer breiten Einbindung möglichst vieler Katholiken wurde der Katholikentag ein Jahr lang in einem „Prozess" vorbereitet. Man einigte sich auf das Motto „Hoffnung leben, Hoffnung geben". Zahlreiche Tagungen fanden statt, in allen Diözesen Österreichs, um die wichtigen Fragen der Zeit und der Kirche zu thematisieren.
Eva Petrik engagierte sich besonders bei der Tagung „Die Frau in Kirche und Gesellschaft". Hubert Feichtlbauer, damals Chefredakteur der *Furche*, bescheinigte ihr eine „souveräne Zusammenfassung" der Beiträge der Tagung

und zitierte sie: „Was zu ändern ist, wollen wir nicht allein, nicht gegen die Männer ändern." Der einprägsamste Satz dieser Tagung blieb allerdings dem Wiener Erzbischof-Koadjutor Franz Jachym vorbehalten, der in seiner Predigt formulierte: „Nicht die Kirche muss sich ändern, die Männer, die Entscheidungsträger in der Kirche müssen sich ändern."
Die Ergebnisse dieser vorbereitenden Tagungen wurden schließlich als „Perspektiven der Hoffnung" zusammengefasst. Zum Thema Frauen findet man dort: „Wir sind aufgerufen, [...] die patriarchalischen Einflüsse zu überwinden und die Gemeinschaft von Frauen und Männern in Partnerschaft zu verwirklichen." Und in Richtung Kirche: „Dem Wunsch nach stärkerer Einbindung der Frauen in Seelsorge und Liturgie ist Rechnung zu tragen; die derzeit gegebenen Möglichkeiten sollen ausgeschöpft, erweiterte Möglichkeiten des kirchlichen Dienstes für Frauen erneut überprüft werden." Eva Petrik hat diesen moderaten, in der Tendenz unverbindlichen Satz vermutlich voll mitgetragen. Sie forderte nie direkt die Öffnung von Weiheämtern für Frauen. War das Ausdruck mangelnder Solidarität einer, die es in der Kirchenhierarchie selbst sehr weit gebracht hat? „Es war für sie kein vorrangiges Thema", sagte Josef Petrik. „Mutti hätte voll unterschrieben, dass es Priesterinnen geben soll, aber sie wäre dafür keinen Konflikt eingegangen", meint Petrik-Tochter Regina. „Sie hat gesagt, da sind andere Dinge wichtiger, da streite ich nicht über Dinge, die keine Aussicht auf Erfolg haben." Ihre ehemalige BAKEB-Mitarbeiterin Barbara Pfaffenwimmer hält ihr zugute: „Eva hat sich nicht als Feministin gesehen, aber sie hat vielen Frauen etwas ermöglicht." Eine nicht anstößige Sprachregelung zu finden, sei eine ihrer Stärken gewesen.
„Für Eva Petrik war das Thema Familie immer bestimmender als das Thema Frau", meint auch Ingrid Klein,

ehemalige Vorsitzende der Katholischen Frauenbewegung Österreichs.

Vieles, was die *Perspektiven der Hoffnung* formulieren, scheint wie eine Zusammenschau des Petrik'schen Selbstverständnisses: christliche Ehe, verantwortete Elternschaft, Familie als „Hauskirche", der Einsatz für eine kinder- und jugendfreundliche Gesellschaft, christliche Erziehung und Erwachsenenbildung als Formung des ganzen Menschen. Die Kirche des Aufbaus, des Aufbruchs nach dem Zweiten Weltkrieg hatte sich mit dem Katholikentag 1983 noch einmal eine Plattform der Selbstvergewisserung geschaffen.

Der Katholikentag 1952 hatte mit dem *Mariazeller Manifest* die Formel der „Freien Kirche in einer freien Gesellschaft" gefunden. Der Katholikentag 1962 versuchte mit dem Satz von Karl Rahner „Löscht den Geist nicht aus" auf die veränderte Situation einer Gesellschaft zu reagieren, die sich von der Not der Nachkriegszeit zu zunehmendem Wohlstand entwickelte. Dann brach mit dem 2. Vatikanischen Konzil all das auf, was sich in den Jugendbewegungen, in den liturgischen Erneuerungen und den Laienorganisationen schon längst als Reformbedarf aufgestaut hatte. „Die Fenster auf, frischer Wind in die Kirche", lautete die Kurzformel für das Konzil. In Österreich versuchte man, diesen Wind, den viele für den Geist Gottes hielten, in Form von Diözesansynoden dingfest zu machen. Gemeinsame Beratungen aller, die Kirche sind, sollten neue Lösungen und neue Strukturen möglich machen. Die Ortskirchen sahen für sich die Chance, eigenständiger zu werden. Vor allem die Laien machten Druck. Der damalige Präsident der Katholischen Aktion, Ludwig Weiß, brachte die Idee einer gesamtösterreichischen Synode ein. Der Wiener Kardinal Franz König gab der Weiterentwicklung auf seine Art eine Chance. Er erfand den Österreichischen Synodalen Vorgang. Walter Schaffelhofer, Sekretär dieses Vorganges ab

Eva Petrik war bei vielen liturgischen und pastoralen Erneuerungen aktiv dabei. So führte sie in ihrer Pfarre Pötzleinsdorf die „Tischmütter" in der Erstkommunionvorbereitung ein.

1972, über den feinen Unterschied zwischen Synode und Synodalem Vorgang: „Eine Synode hätte kirchenrechtlich abgestimmt werden müssen, Rom hätte eingreifen können." Der Synodale Vorgang war unverbindlicher, schlussendlich auch für die Bischöfe. Walter Schaffelhofer: „Es wurde nichts, das über Österreich hinausgeht, nach Rom weitergeleitet, etwa der Wunsch nach Mitsprache bei Bischofsernennungen."

Eva Petrik war bei diesem Synodalen Vorgang Mitglied der Sachkommission „Bildung und Erziehung". Die Kommission legte einen umfangreichen Katalog an Beschlüssen vor, die eine zeitgemäße religiös geprägte Bildung von Kindern und Erwachsenen fördern und die dazu notwendigen Einrichtungen sicherstellen sollten. Eine Einbeziehung von Wissenschaft und Forschung, ein kontinuierliches Reflektieren der Veränderungen der Gesellschaft und eine ausreichende Dotierung dieser Aufgaben sollten Weltoffenheit und Selbstbewusstsein signalisieren. Das umfangreiche

In Weihbischof Dr. Helmut Krätzl hatte Eva Petrik einen verlässlichen Wegbegleiter, der sie für ihre Loyalität und als „fast perfekte Frau" schätzte.

Buch mit Dokumenten und Beschlüssen des Österreichischen Synodalen Vorganges ist nur teilweise Realität geworden. Walter Schaffelhofer: „Es gab immer die Angst, dass etwas zu viel Geld kostet oder dass jemand oder etwas nicht mehr katholisch ist."

Zum Abschluss des Österreichischen Synodalen Vorganges fand übrigens auch 1974 ein Katholikentag statt, sein Thema war „Versöhnung". Eva Petrik war auch damals schon die stellvertretende Vorsitzende des Katholikentages. Gerade zu dieser Zeit prallte das Selbstverständnis der Katholiken, die sich über lange Zeit als bestimmende moralische Instanz in Österreich erlebten, hart auf den Gegenwind einer zunehmend weltanschaulich und ethisch pluraler werdenden Gesellschaft. Die sogenannte Fristenlösung stellte den Schwangerschaftsabbruch bis zum dritten Schwangerschaftsmonat straffrei. Auch Eva Petrik trat mit der „Aktion Leben" vehement gegen Abtreibung auf. Sie blieb zeitlebens

Das Engagement in der Pfarre blieb für Eva Petrik zeitlebens die wichtigste Basis ihres Glaubens. In zahlreichen Funktionen, wie etwa Lektorin, tat sie ihren Dienst, setzte aber auch Impulse wie die christlich-jüdischen Gespräche in ihrer Gemeinde.

eine engagierte Lebensschützerin, setzte ihren Schwerpunkt aber bei den bereits Geborenen.
Die Liste der Funktionen in Kommissionen, Arbeitsgruppen oder Ausschüssen, die Eva Petrik im Laufe ihrer Kirchenkarriere ausübte, ist lang. Ob sie sich wohlgefühlt hat im komplexen Zusammenspiel von Gremien und Machtebenen, von selbstbewussten Laien, die ihre Interessen auch strukturell absichern wollten, und kirchlichen Würdenträgern, die eher nach Rom als nach Pötzleinsdorf schauten? Vermutlich haben die gremialen Gelenkigkeitsübungen dazu beigetragen, Eva Petriks „diplomatisches Geschick", das ihr immer wieder attestiert wurde, auszuprägen, und ihre feine Nase zu entwickeln, was den Beteiligten solcher Prozesse möglich ist. Möglicherweise hat es auch ihren analytischen Verstand angeregt und ihre pragmatische Frage nach dem nächsten Schritt präzisiert.
Funktionäre funktionieren. Als Lohn dafür winken weitere

Im März 2007 verlieh Kardinal Christoph Schönborn den Stephanusorden in Gold. Die Ehrung erwiderte Eva Petrik mit einem engagierten Appell an das Gemeinsame von Laien und Klerus.

Funktionen und zum Beispiel auch Auszeichnungen. 1982 bekamen Eva Petrik und ihr Mann Josef von Kardinal König gemeinsam den Stephanusorden in Silber. Der Stephanusorden in Gold, die höchste Auszeichnung, die die Erzdiözese Wien für Laien zu vergeben hat, blieb ihr einige Zeit vorenthalten. Ingeborg Schödl, langjährige Redakteurin kirchlicher Medien in Wien, meint zu wissen, dass Kardinal Christoph Schönborn diese Auszeichnung dem Ehepaar Petrik schon verleihen wollte, es sich aber anders überlegte, als Eva Petrik ihn öffentlich kritisierte. Kardinal Schönborn hatte seinen Generalvikar Helmut Schüller entlassen, und Petrik hielt die Art der Entlassung für einen wenig vorbildlichen Umgang von Christen miteinander. Im Jänner 2007 schickte Schödl an Kardinal Schönborn eine E-Mail, sie meine, man solle Eva Petrik angesichts ihrer schweren Erkrankung doch endlich den Orden geben. Dann ging es schnell. Schon am 23. März 2007 überreichte der Kardinal der todkranken Eva Petrik den Orden. Sie bedankte sich auf ihre Art: „Dass wir diese Arbeit leisten – manchmal unter Schwierigkeiten, aber doch mit Freude –, das ist schon selbstverständlich! Denn wir wissen, wir tun, was wir für die Kirche tun, für uns, denn wir sind Kirche! [...] Die Kirche ist unser Leben, unsere Heimat: Und so, wie wir nicht leben können ohne Kirche, so kann Kirche nicht lebendig sein ohne uns Laien."

Die Politikerin

Sie war eine Persönlichkeit, der man zugetraut hat, dass sie weiß, was sie will; und was sie will, ist vernünftig.

Franz Stauber, Weggefährte seit Jugendtagen

Maria Hampl-Fuchs, ehemalige Präsidentin des Wiener Landtags und langgediente ÖVP-Kommunalpolitikerin, erinnert sich gut an das Gespräch im „Josefsstüberl". Eva Petrik hatte um die Unterredung gebeten. Sie wollte die Meinung einer Politikerin wissen, die wie sie aus der Katholischen Jugend kam: Sollte sie den Einstieg in die Parteipolitik wagen? Kurz zuvor war Erhard Busek Gast bei Eva Petrik daheim in der Gersthofer Straße gewesen. „Eva, ich brauche dich für die Gemeindepolitik", habe Busek sehr bestimmt zu seiner Frau gesagt, erinnerte sich Josef Petrik. Erhard Busek, Obmann der Wiener ÖVP, hatte bei den vorangegangenen Wahlen ein gutes Wahlergebnis erzielt. „Ich konnte mir deshalb meine Kandidaten aussuchen", erzählt er. Selbst geprägt durch eine Jugend in der Katholischen Mittelschuljugend suchte er Mitstreiter aus dem Biotop des aufgeschlossenen, gesellschaftspolitisch interessierten Katholizismus. Eva Petrik, zusätzlich mit dem Bonus ausgestattet, Frau zu sein, war Busek nicht nur längst bekannt, sondern auch als „sehr energisch und entschlossen" aufgefallen. „Die Evi hat sich nie um ein Amt beworben, es ist ihr immer angetragen worden", erzählte Josef Petrik.

Was also tun mit dem Angebot, im Team der „Bunten Vögel" von Erhard Busek den Tanz am politischen Parkett zu wagen?

Maria Hampl-Fuchs redete Eva Petrik zu. Der Clubzwang sei halb so schlimm. Josef Petrik redete seiner Frau ebenfalls zu. Er war selbst längere Zeit als Bezirksrat der ÖVP in Wien tätig gewesen. Zu einer größeren politischen Karriere kam es nicht, wiewohl sie ihm nicht unangenehm gewesen wäre. Als nun seiner Frau ganz ohne Anstrengung der Sprung mitten in das politische Herz der Stadt angeboten wurde, musste er doch kurz Luft holen. „Angesichts neuer Problemlagen sind wir aufgerufen, uns verstärkt auf den verschiedenen Ebenen am politischen Geschehen zu beteiligen und Verantwortung zu übernehmen. Es gilt, die Verkrustungen der Apparate aufzubrechen und die Menschen zu sehen und mit ihnen an der Lösung der drückenden Fragen zu arbeiten. Gemeinden und Parteien, aber auch Verbände, Vereine und Bürgerinitiativen leben von der Mitwirkung freier Bürger." Diesen Auftrag aus den *Perspektiven unserer Hoffnung*, formuliert zum Katholikentag 1983, konnte man als gute Christin nicht ohne triftige Gründe ablehnen.

Eva Petrik sagte zur neuen Herausforderung Ja und wurde auf ein Reststimmenmandat des 19. Wiener Gemeindebezirks gesetzt. Der Einzug in den Gemeinderat gelang.

Die erste Hälfte der 1980er-Jahre war innenpolitisch von den immer stärker werdenden Bürgerinitiativen und unabhängig von Parteien agierenden Bürgerlisten gekennzeichnet. Erhard Busek versuchte in Wien, mit den „Bunten Vögeln" die ÖVP als moderne und für originelle Köpfe offene Bewegung zu positionieren. Ein nach außen interessanter, nach innen kühner Vorstoß, schien doch die Wiener ÖVP damals als besonders verstaubt und von den alten Bünden dominiert.

Die politische Quereinsteigerin Eva Petrik galt als Vertrauensfrau des Parteichefs, der zudem im Ruf stand, mit intellektuell nicht Ebenbürtigen wenig Geduld aufzubringen. Eine nicht ganz einfache Position für Eva Petrik. Sie hatte Zugang zum engsten Kreis um Busek, der allerdings zuneh-

Eva Petrik mit ihrem politischen Mentor Erhard Busek 1987 auf dem Wiener Stadtfest unterwegs. Busek hatte sie 1983 in die Politik geholt. Im Wiener Gemeinderat war sie zwei Perioden lang vor allem für Bildung, Familie und Kinder zuständig.

mend die Unterstützung der lang gedienten Funktionäre in der Partei verlor.

„Busek war ungeheuer visionär, und Evi war eine ideale Partnerin, die seine Ideen aufnehmen und umsetzen konnte", meint Monika Franta. Diese war wiederum eine der ersten Personalentscheidungen, die Eva Petrik als Gemeinderätin getroffen hat.

Eva Petriks Betätigungsfelder waren die auch schon aus den kirchlichen und beruflichen Engagements bekannten: Bildung, Familie, Kinder. Busek übertrug ihr die Leitung des „Wiener Kinderrettungswerkes". Ein trügerischer Name, denn der Verein, der als Träger von Kinderbetreuungseinrichtungen fungierte, war selbst ein Rettungsfall geworden. „Dort hatte man ein, zwei Jahrzehnte Entwicklung verschlafen", konstatiert Maria Rauch-Kallat, in vielen Funktionen in der ÖVP engagiert und damals ebenfalls in der Wiener Kommunalpolitik tätig. Der Verein führte 17 Kindergärten und Horte, großteils in stark renovierungsbedürftigen Quartieren, mit kaum weitergebildetem Personal, rudimentären pädagogischen Konzepten und einer Verwaltung, die den Lohn noch im Papiersackerl auszahlte. Was tun? Eva Petrik zog zur Analyse und fachlichen Beratung Charlotte Niederle heran, Redakteurin der Fachzeitschrift *Unsere Kinder*, ebenfalls Jungschar-geeicht und Spezialistin für Kleinkindpädagogik. Niederles Diagnose: Die Kindergärten entweder sofort schließen, oder kompromisslos in die Qualität investieren.

Eva Petrik entschied sich für die zweite Variante. Sie heuerte Monika Franta als Geschäftsführerin an. Die heute leitende Mitarbeiterin der SOS-Kinderdörfer war damals 25 Jahre alt, ausgebildete Kindergartenpädagogin und parallel zu ihrem Engagement bei Eva Petrik in der Bundesleitung der Katholischen Jungschar engagiert. Aus dem „Kinderrettungswerk“ wurde „Kinder in Wien“, kurz KIWI. Fünf Jahre später waren die Einrichtungen von KIWI pädagogisch mustergültig, bei den Eltern begehrt und für eine prosperierende Zukunft gerüstet. Christa Raffelsberger, damals als leitende Mitarbeiterin der MA 11 zuständig für Kindergärten in Wien, vor allem auch für deren finanzielle Förderung: „KIWI wurde ein guter Partner der Stadt Wien.“

Eva Petrik verstand sich als Politikerin vor allem als Ermöglicherin. Sie griff Ideen auf und sorgte dafür, dass sie umgesetzt werden konnten. Dazu muss man wissen, was man will, die richtigen Leute kennen, sie überzeugen und bei all dem verbindlich und kompromissfähig sein. „Sie hat prinzipientreu und grundsätzlich gearbeitet“, fasst Maria Hampl-Fuchs zusammen. „Sie hat nach außen konservativ gewirkt und eher bieder, aber sie war in ihren Ideen modern und progressiv“, urteilt Maria Rauch-Kallat. „Sie hat ihre Standpunkte couragiert und mit Argumenten vertreten, auch wenn sie nicht auf Parteilinie waren“, attestiert ihr Erhard

Busek. Immer wieder gelang es ihr, auch die Anerkennung der politischen Mitbewerber, wie es so schön heißt, zu gewinnen. „Sie hat eher das Gemeinsame gesucht, was bei Politikern nicht so häufig vorkommt", formuliert Christa Raffelsberger.

„Während der Vati eher ein Grundsatzarbeiter war, ist die Mutti eher in etwas schon Bestehendes hineingegangen und hat etwas daraus gemacht", analysiert Regina Petrik-Schweifer. So zum Beispiel, als die Wienerin Sylvia Hofmann die Idee hatte, aus brachliegenden Flächen, sogenannten „Gstätten", Kinderspielplätze zu machen. Eva Petrik gefiel die Idee der vierfachen Mutter, die unter anderem dadurch aufgefallen war, dass sie in Schönbrunn eine Demonstration mit 400 Dreirad fahrenden Kindern veranstaltet hatte, um zu erreichen, dass man künftig im barokken Schlossambiente auch Dreirad fahren und rodeln durfte. Mehrere Jahre lang zahlte Eva Petrik aus ihrer privaten Geldtasche monatlich rund 100 Euro Aufwandsentschädigung an Sylvia Hofmann, damit diese das Projekt „Gstätten retten – Spielplatz bauen" recherchieren und auf die Beine stellen konnte.

Nicht nur mussten Brachflächen ausfindig gemacht werden, es brauchte auch Genehmigungen von Behörden, die noch nie überlegt hatten, welche Genehmigung ein „Gstätten-Spielplatz" überhaupt braucht. Zudem mussten Subventionsgeber überzeugt werden, in die Idee zu investieren. „Ich habe sehr geschätzt, dass Eva Petrik eine Idee zuerst einmal abgetestet hat, ehe sie damit einen politischen Antrag verbunden hat", berichtet Sylvia Hofmann. Sie hat eine Politikerin erlebt, die „eingeschlossen und nicht ausgeschlossen" hat, die andere Meinungen geachtet und auf die Kraft von Sachargumenten gesetzt hat. „Sie konnte immer sagen, wir haben das selbst ausprobiert und wissen, was daran funktioniert und was nicht."

Die Politikerin Eva Petrik einmal ganz entspannt beim Sommerfest des Sozialen Hilfswerks. Neben ihr Maria Schaumayr, ÖVP-Politikerin und ehemalige Nationalbankpräsidentin, und Erhard Busek.

Insgesamt neun „Gstätten-Spielplätze" gingen in Wien in Betrieb. Nach der Eröffnung eines solchen Abenteuer-Geländes nahe dem Rapid-Stadion in Hütteldorf bekam Eva Petrik Post von einem Architekten. Er fände die viereckigen Sandkisten auf diesem Spielplatz pädagogisch vollkommen veraltet. Eva Petrik, grundsätzlich an Verbesserungen für Kinder interessiert, nahm den Ball auf und lud den Architekten ein, einen Vorschlag zu machen. Seine Sandkiste mit eher wannenförmigem Design, abgerundeten Kanten, nach Alter der Kinder gegliederten Sitzhöhen, verschiedenen Farbzonen und der Möglichkeit für Kinder, individuelle „Nester" zu bauen, schaffte es nur bis zum Prototyp. Fast 3000 Euro je Sandkiste aufzubringen, hat dann selbst Eva Petriks Möglichkeiten überstiegen.
Auch Charlotte Niederle konnte beobachten, wie die Politikerin Eva Petrik agiert hat. Sie trug ihr die Idee vor, in Wien doch ein *Charlotte-Bühler-Institut für Kleinkindforschung* einzurichten. „Eva hörte sich die Idee und meine Argumen-

1987 wurde ein Spielplatz der „Kinder in Wien" in Hütteldorf eröffnet. Eva Petrik brachte den ÖVP-nahen Trägerverein von Kinderbetreuungseinrichtungen wieder in Schuss.

te an. Sie hat eingesehen, dass es hier tatsächlich Forschungsbedarf gibt, und sofort einen Termin bei Erhard Busek organisiert." Der war damals schon Wissenschaftsminister in der Bundesregierung, hörte sich den Vorschlag geduldig an und meinte: „Wer soll das bezahlen? Wir haben dafür kein Budget." Charlotte Niederle fürchtete, das wäre nun das Ende ihrer Idee, aber Eva Petrik hakte sofort nach: „Welche anderen Möglichkeiten haben wir dann?" „Ihr könnt einen Verein gründen und um Förderungen ansuchen", riet der Minister. Kurz darauf saßen Niederle, Petrik und ein hochrangiger Beamter der Stadt Wien schon im Café Landtmann. „Und binnen drei Stunden hatten wir einen Verein gegründet und einen Vorstand nominiert." Viele Jahre wirkte Eva Petrik selbst im Vorstand des Vereines mit und hat durch ihre Kontakte vor allem Subventionen für das *Charlotte-Bühler-Institut* organisiert.
Wie in ihren anderen Funktionen bereits praktiziert, hat Eva Petrik auch als Gemeinderätin und Parteipolitikerin

ungemein fleißig gearbeitet. So engagierte sie sich auch im *Club Alpha – Frauen für die Welt*, den Maria Rauch-Kallat gegründet hatte. Sie war außerdem Vizepräsidentin des ÖVP-nahen „Sozialen Hilfswerkes" und vieles mehr. Sie sei immer gründlich vorbereitet gewesen, heißt es. Damals hat sie, wie ihre Töchter sich erinnern, wieder zu rauchen begonnen.

Die Politikerin Eva Petrik hat ihre Gestaltungsmöglichkeiten genützt und genossen und ist doch nicht so richtig heimisch geworden im Feld der Mandatsträger. Als der damalige Bürgermeister Helmut Zilk sie einmal despektierlich „die Frau Lehrerin" nannte, kränkte sie das, wie Monika Franta beobachtete. Maria Hampl-Fuchs meint, ihr wäre eine solche Bemerkung gar nicht aufgefallen, denn so sei eben der politische Umgang miteinander. „Ich glaube, dass man in der Politik in manchen Dingen gleichgültiger sein muss, als es eine geradlinige Person wie Eva Petrik sein konnte", überlegt auch Franz Stauber, Weggefährte seit Jugendzeiten. Monika Franta erinnert sich an eine enttäuschte Eva Petrik, die schwer akzeptieren konnte, warum man in Sachfragen nicht parteiübergreifend mehr kooperieren konnte. Maria Hampl-Fuchs bleibt pragmatisch: „Als Einzelabgeordnete kann man keine zündende Idee durchbringen, für eine Oppositionspolitikerin ist das schon gar nicht möglich."

Zwei Perioden hindurch blieb Eva Petrik Gemeinderätin in Wien, die letzten zwei Jahre sogar als Vorsitzende des Wiener Gemeinderates. Ihr Mentor Erhard Busek war nach einer verlorenen Wahl um den Parteivorsitz 1987 in die Bundespolitik gewechselt. Die nachfolgenden Wiener Parteichefs waren nicht ganz das Format, das Eva Petrik lag. Mit 60 beendete sie ihre politische Karriere.

Im Jahr 2000 trat sie aus der ÖVP, in die sie erst bei ihrem Engagement durch Erhard Busek „beigetreten worden war", wie Tochter Regina sich an eine griffige Formulierung

Buseks erinnert, wieder aus. Die schwarz-blaue Regierungskoalition konnte sie mit ihren ethischen Maßstäben nicht vereinbaren. Der dezidierten Ausländerfeindlichkeit des blauen Regierungspartners hatte sie in vielen öffentlichen Auftritten Argumente und Aktionen entgegengesetzt. Nun galt die Aktion ihrer eigenen Partei. Gründlich wie sie war, schrieb sie auch ihrer langjährigen Parteifreundin Maria Rauch-Kallat, damals Generalsekretärin der ÖVP, einen Brief, „in dem sie mir die Freundschaft aufkündigte", wie diese erzählt. Jahre später söhnten sich die beiden Politikerinnen wieder aus. Erhard Busek, der in der Rolle des parteiinternen Kritikers längst profiliert war, fand Eva Petriks Entscheidung richtig und teilte ihre Argumente, blieb aber in der Partei. Konsequent wie sie war, hat Eva Petrik nach dem Parteiaustritt nicht mehr ÖVP gewählt. So wenig wie sie eine ihr angetragene päpstliche Auszeichnung angenommen hat, weil es ihr unehrlich vorgekommen wäre, sich von jemandem ehren zu lassen, den man hart kritisiert.

Die Präsidentin

Eva Petrik hat sich nicht verstellt. Da war alles echt.

Terezija Stojsits,
langjährige Mandatarin der Grünen, Volksanwältin

„Es war schwer, jemanden für meine Nachfolge zu finden. Keiner wollte sich das antun", erzählt Leo Prüller, Präsident der Katholischen Aktion Österreichs von 1987 bis 1991. Seit dem Ende der Ära König hatten die Bischofsernennungen für Unmut und Polarisierung in der Kirche Österreichs gesorgt. Namen wie Kurt Krenn, Gernot Eder, Klaus Küng, Hans Hermann Groër übten auf ehrenamtlich tätige katholische Laien nur eine mäßige Anziehungskraft aus. Und doch fand sich eine, die ihrer alten Sehnsucht nach einer geschwisterlichen, offenen Kirche nachgab, die Optimismus genug einzusetzen hatte und dazu mannigfache politische Erfahrung vorweisen konnte. „Eva Petrik macht es", konnte Heinrich Schnuderl, Geistlicher Assistent der Katholischen Aktion Österreichs, endlich verkünden. Ihr politisches Mandat in Wien war 1991 zu Ende. Sie konnte in ihre eigentliche Heimat, die Kirche, zurückkehren.

„Heute wird die Kirche zu oft im Eck stehen gelassen. Mein Anliegen ist, dass die Kirche aus diesem Eck wieder herauskommt und endlich wieder agiert und nicht nur reagiert", erklärte sie in einem Interview mit der *Wiener Kirchenzeitung*. Es sollte sich zeigen, dass sie sich damit eine Schwerstaufgabe vorgenommen hatte. Die neu bestellten Bischöfe zeigten nicht nur als Persönlichkeiten schwierige Züge, sie schlugen auch kirchenpolitisch andere Wege als bisher ein. Manchen waren die Laien zu mächtig geworden, andere hielten deren Glauben für wenig überzeugend oder legten

Eva Petrik in ihrer Rolle als Präsidentin der Katholischen Aktion Österreichs 1995: Ihre langjährige politische Erfahrung kam nun ihr und der Organisation zugute.

jede Kritik als Illoyalität aus. Vorkonziliar orientierte Priestergruppen und Priesterseminare wurden plötzlich gefördert, das umstrittene Opus Dei kam durch Bischöfe zu höchsten Ehren, und sogenannte Moviementi wurden den politisch engagierten Aktivisten der Katholischen Aktion als Vorbilder einer neuen Frömmigkeit und Kirchentreue empfohlen.
Nun konnte und musste Eva Petrik alles ausspielen, was sie als Aktivistin der Katholischen Aktion und in der Politik gelernt hatte. „Sie war exzellent im pointierten Formulieren. Sie konnte aus dem Stand eine Presseerklärung abgeben, die Argumente auf den Punkt brachte“, attestiert ihr Ruth Steiner. Sie stand zwei Perioden lang, von 1991 bis 1997 an der Seite „ihrer Chefin“ als „Generalin“, das heißt, sie war die Generalsekretärin der Katholischen Aktion Österreichs. „Eva hat gespürt, was den Menschen nahegeht. Wenn ihr etwas dringlich erschien, hat sie sofort bei den Medien angerufen.“ Einen ganzen dicken Ordner mit Stellungnahmen und Artikeln seiner Frau hat allein Josef Petrik daheim

Bei der Pastoraltagung 1995 moderierte Eva Petrik ein Abendgespräch mit Heinz Fischer, damals Präsident des Nationalrates, und ihrem langjährigen politischen und persönlichen Freund Erhard Busek.

archiviert. Immer wieder musste sie sich denselben Fragen stellen: Warum gibt es solche Konflikte in der Kirche? Wie kann man sie lösen? Was ist mit der Frauenfrage in der Kirche? Wie geht die Kirche mit ihrem Bedeutungsverlust um? Müssen Bischöfe zurücktreten? In der Logik der Konfrontation, die viele Medien bedienen, wurde sie zur gefragten „Oberlaiin" im Clinch mit den hierarchisch zweifellos stärkeren Bischöfen.

In ihren Antworten blieb sie ihrer von Jugend an gefestigten Überzeugung immer treu: Kirche ist nicht nur der Klerus, Kirche sind wir alle. „Sie hat sich als Teilhaberin der Kirche verstanden", formuliert es Ingrid Klein, „und deshalb blieb sie auch immer loyal." Konsequent forderte sie die Umsetzung des 2. Vatikanums und ließ nicht locker, sich auf das päpstliche Schreiben *Christifideles Laici* zu berufen, das die gemeinsame Teilhabe von Priestern und Laien an den Aufgaben der Kirche festgeschrieben hatte. Sich öffentlich stark zu exponieren und die Katholische Aktion auf diese Weise auch wieder zurück in den Diskurs und die öffentliche Wahrnehmung zu bringen, barg etliche Gefahren. „Sie hat die Katholische Aktion aus ihrem Dornröschenschlaf geholt“, ist Ingrid Klein überzeugt. Andere hielten sie für zu verbindlich gegenüber den Bischöfen.

Ein Vorwurf, der eskalierte, als 1995 in Tirol das Kirchenvolks-Begehren ins Leben gerufen wurde. Es sollte mit dem basisdemokratisch inspirierten Mittel der Unterschriftensammlung unter eine Forderungsliste den nötigen Druck „von unten“ für Reformen „oben“ erzeugen. Führende Aktivisten der Katholischen Aktion, wie die Theologin Martha Heizer aus Innsbruck, waren in der Initiative „Wir sind Kirche“ federführend. Eva Petrik wurde als Präsidentin der Katholischen Aktion Österreichs erst nach der öffentlichen Präsentation des Kirchenvolks-Begehrens um die Unterstützung durch ihre Organisation ersucht. Sie überlegte einen Tag lang und sagte dann ab. Martha Heizer erinnert sich, deswegen eine „riesige Wut im Bauch“ gehabt zu haben. Ihr schienen die Begründungen Petriks als Ausflüchte. Man könne die Gliederungen der Katholischen Aktion nicht „von oben“ zu dieser Aktion verpflichten, zudem sei es undemokratisch, die Katholische Aktion nicht im Vorfeld eingebunden zu haben, beschied Petrik den Kirchenvolks-Begehrern. „Mir schien, dass die Katholische Aktion einfach Angst hatte, dass ihr von den Bischöfen der Geldhahn zugedreht wird, wenn sie mitmacht“, überlegt Martha Heizer. „Es war diplomatisch richtig“, meint Ruth Steiner. Von Rom sei das aufmüpfige Unternehmen „sehr kritisch“ gesehen worden. „Das Kirchenvolks-Begehren hat seine Forderungen bis zur Weihe der Frau getrieben. Das ist ein so heißes Eisen, dass die Gefahr bestand, dass es an die Spitze gestellt wird und alles andere nicht mehr gesehen wird“, erinnert sich Weihbischof Helmut Krätzl. „Man muss das auch pragmatisch sehen. Wenn es eine Öffnung gibt, dann

Mit den „Re-Visionen“ bündelte die Katholische Aktion unter der Führung von Eva Petrik nochmals ihre Geschichte und ihre Perspektiven. Die katholische Laienorganisation suchte ihren Standort im Spektrum der Kirche und mühte sich nicht nur mit Re-Visionen, sondern auch mit Re-Organisationen.

zuerst für verheiratete Männer“, meint Krätzl und ergänzt, er habe sich da „eines Sinnes mit Eva Petrik“ gewusst.

Die kirchenpolitische Situation war in Österreich in diesem Jahr 1995 sehr komplex. Im Frühjahr verdichteten sich schwere Vorwürfe gegen den Wiener Kardinal Groër, die ihn des sexuellen Missbrauchs von Kindern bezichtigten. Im Herbst 1995 führte das zu seinem „freiwilligen“ Rücktritt aus „Altersgründen“. Die „Affäre Groër“ führte zu einer Welle von Kirchenaustritten und einer noch stärkeren Polarisierung zwischen klerusorientierten Katholiken und solchen, die nun endlich tiefgreifende Reformen wollten. Eva Petrik hat sich in dieser Zeit nicht vor dem öffentlichen Diskurs gedrückt. Im Gegenteil. In einer Fernsehdiskussion mit Bischof Kurt Krenn zeigte sie sich den untergriffigen Attacken des St. Pöltner Oberhirten durchaus gewachsen. In ihrer Haltung war sie unbeugsam: „Ich lasse mir meine Heimat Kirche nicht einfach lächerlich machen und ich lasse

mir meine Heimat Kirche auch nicht einfach nehmen!"
Auch wenn Eva Petrik nicht für das Kirchenvolks-Begehren aufgetreten sei, habe sie doch, so Ruth Steiner, „geschaut, dass es genügend Stimmen bekommt, und dass dessen Vertreter später Mitglied im Katholischen Laienrat wurde". Zudem gab es künftig einen ständigen Vertreter der „Plattform Wir sind Kirche" beim Präsidium der Katholischen Aktion.
Beim „Dialog für Österreich", der auf diesen veritablen Aufruhr in der Katholischen Kirche Österreichs folgte, war Eva Petrik mit der Katholischen Aktion wieder führend tätig. Der Dialog stellte sich als ein Verstummen heraus. „Es hat ihr sehr zu schaffen gemacht, dass der Dialog für Österreich zu nichts führte und schubladisiert wurde", sagt Theresia Prüller, Wegbegleiterin seit Jugendtagen. Für Martha Heizer bleibt, dass Eva Petrik in dieser Kirchensituation „nicht wirklich an die Grenzen gegangen ist. Die Grenzen, wo sie als Kritikerin nicht mehr akzeptiert worden wäre, hat sie bei Weitem nicht erreicht. Sie hätte noch kämpferischer sein können, ohne dass ihr etwas passiert wäre."
Eva Petrik hatte auch noch andere Herausforderungen zu bestreiten. Nicht nur, dass zum ersten Mal ihre Krebserkrankung auftrat und sie anstrengende Chemotherapien absolvieren musste – übrigens zeitgleich mit ihrer „Generalin" Ruth Steiner, die ebenfalls gegen eine schwere Brustkrebserkrankung kämpfte. Auch in ihrem Aufgabenbereich war vieles in Veränderung.
Die Katholische Aktion selbst war in die Krise gekommen. Gab es vor dem Konzil in den Pfarren nur die Katholische Aktion als Sammelbecken aller engagierten Laien, wurde danach mit den Pfarrgemeinderäten eine neue Mitbestimmungsebene für Laien geschaffen. Eva Petrik ging die Strukturreform der Katholischen Aktion an. Die Bischofskonferenz machte mit ständigen Kürzungen des Budgets zusätz-

Eva Petrik im Vatikan: Eine Reise führte sie im Dezember 1996 ins Zentrum der katholischen Welt. Rechts hinten stehend Dr. Heinrich Schnuderl, der Geistliche Assistent der Katholischen Aktion Österreichs. Päpstliche Orden hat Eva Petrik übrigens zeitlebens abgelehnt.

lich Druck. Doch die lange gewachsenen Strukturen der Gliederungen waren nicht leicht von der Idee von „Foren" zu überzeugen, die eine zeitgemäßere Umsetzung der Katholischen Aktion ermöglichen sollten. „Sie war eine Kaiserin ohne Land", formuliert Ingrid Klein zugespitzt. „Sie hat inhaltlich viel eingebracht, aber strukturell ist wenig weitergegangen." Daran konnte auch ein groß angelegtes Symposium mit dem Titel „Re-Visionen" zur Geschichte des öffentlichen Wirkens der Kirche in der Zweiten Republik wenig ändern. „Die Katholische Aktion hätte eine Politikerin wie Eva Petrik schon viel früher gebraucht", meint Erhard Busek.

Als Politikerin hatte Eva Petrik auch gelernt, dass man Terrain sondieren muss, ehe man es betritt. 1993 sorgte die Freiheitliche Partei Österreichs mit ihrem Ausländer-Volksbegehren für heftige Diskussionen. In Wien formierte sich aus den Kreisen um den Publizisten Peter Huemer Widerstand.

Eva Petrik schickte ihre „Generalin“ Ruth Steiner vor, die auf einen „bunten Haufen“ von Künstlern, Intellektuellen und politisch eher links oder basisdemokratisch einzuordnenden Bürgern stieß, die auf den ersten Blick wenig mit dem gewohnten katholischen Milieu gemein hatten. Erhard Busek erinnert sich, dass er Eva Petrik „wie einem kranken Ross“ zugeredet habe, doch mitzumachen. Sie ließ sich darauf ein und nahm fortan mit Ruth Steiner an den Treffen teil. Terezija Stojsits, damals grüne Nationalrätin, erinnert sich, dass die beiden immer wie ein „Zwillingspärchen“ aufgetreten seien. Die Skepsis mancher aus der Gruppe gegen die Kirchenfrauen wurde gemildert durch die Stärke der Organisation, die hinter diesen beiden Frauen stand. Was diese bewirken kann, erwies sich auch bald. Eva Petrik und Ruth Steiner erfanden die *10 Gegen-Sätze für Menschenfreunde*. Darin listeten sie zehn gängige Vorurteile gegen Ausländer in Österreich auf und stellten ihnen belegbare Fakten entgegen. An zwei Sonntagen wurden rund 750.000 Flugblätter durch die Katholische Aktion in vielen Pfarren verteilt. „Während die anderen noch diskutiert haben, haben Eva Petrik und Ruth Steiner schon gehandelt“, zeigt sich Terezija Stojsits noch heute beeindruckt. Beim großen „Lichtermeer“ in Wien, der größten friedlichen Demonstration der Zweiten Republik, zweifelte niemand mehr, dass die Katholische Aktion mit ihrem Engagement dazugehörte und auch richtig gelegen hatte. Nur Kardinal Groër tadelte die Präsidentin, den Episkopat in eine „schwierige Lage“ gebracht zu haben, weil er nicht vorinformiert wurde. Eva Petrik konterte wie gewohnt: Für die Bischöfe müsse es doch entlastend sein, wenn die Laien ihre Verantwortung wahrnehmen und dadurch die Amtskirche der Konsequenzen entheben. Der Kardinal meinte darauf, das Läuten der Kirchenglocken beim „Lichtermeer“ verbieten zu müssen. Eine Anweisung, die hörbar nicht befolgt wurde.

Epilog

Sie war einfach die Christin Eva Petrik.

Maria Hampl-Fuchs, ÖVP-Politikerin in Wien

Eva Petrik lebt in vielen Erinnerungen und in vielen Werken weiter. Vielen war sie eine mütterliche Freundin, die mit Geduld die großen und kleinen Katastrophen angehört und häufig auch einen Ratschlag zur Behebung der Unbill gehabt hat. Vielen war sie ein Beispiel in ihrer Weite und Toleranz, jemand, der den Kontakt mit anderen nicht gescheut hat. Oft hat sie ihn sogar gesucht, wie in Gruppen der Ökumene und des christlich-jüdischen Dialoges, für den sie sich eingesetzt hat. Eva Petrik war durchaus auch ein Mensch mit Ecken und Kanten, selbst wenn die meisten sie als freundlich und verbindlich, als immer gut gelaunt und ausgleichend erlebt haben. Möglicherweise hörte sie sich selbst gerne reden – sie redete viel und manchmal auch mit typisch weiblichem Tonfall, wie manche meinen –, möglicherweise war sie gelegentlich auch eitel und stolz darauf, öffentlich wahrgenommen und gewürdigt zu werden.

Viele Spuren zeugen von einer Eva Petrik, die mit großer Ausdauer Freundschaften gepflegt hat, die im „Vorbeifahren" in ganz Österreich Freunde und Freundinnen aus den verschiedenen Epochen ihres Lebens besucht und den Kontakt gehalten hat. In kleinen Splittern kann man eine Frau wahrnehmen, die gemessen an ihrer öffentlichen Bedeutung geradezu rührend einfache Hobbys hatte, wie Seidenmalen, Batiken, Töpfern oder Nähen.

Hie und da blitzt eine Eva Petrik auf, die müde war durch die Unmengen an Aufgaben, die sie übernommen hatte.

Nie hat sie davon direkt geredet. Aber in einem Aufsatz über ihr politisches Vorbild Hildegard Burjan deutet sie an, dass sie deren Wunsch, sich am Ende eines langen Tages nach der Heimfahrt einfach bei der Straßenbahnhaltestelle hinzulegen und einzuschlafen, verstehen könne.
Es zeigt sich, dass ihre Selbsteinschätzung nie die Bodenhaftung verlor. Als sie 1997 kurz einmal als Kandidatin für die Bundespräsidentschaft im Gespräch war, nahm sie sich selbst sofort als „zu alt" aus dem Rennen. Nur ihre Enkel hätten es „cool" gefunden, weil sie sich vorstellten, ihre Omi würde als Staatsoberhaupt mit dem Hubschrauber daheim abgeholt.
Denen, die sie mochte, konnte Eva Petrik eine harte Kritikerin sein. Sie blieb im Persönlichen trotzdem treu, wie etwa ihrer politischen Freundin Maria Rauch-Kallat, für die sie bei ihrer zweiten Ehe sogar als Trauzeugin fungierte. Die Treue zu Dogmen war ihr nie wichtiger als die Treue zu Menschen.
In einem großen Bogen kann man mit dem Leben Eva Petriks auch der Geschichte der Laien in der Kirche nach 1945 folgen. Zu meinen, dieser Bogen sei an seinem Ende angekommen, würde vermutlich nicht der Lebenseinstellung von Eva Petrik entsprechen. „So lange ich lebe, bin ich dabei", sagte sie denen, die meinten, eine Todkranke solle sich doch nicht mehr in Sitzungen abplagen.
Wenn es nach ihrer Vision geht, hat sie das Unvorstellbare, das uns nach unserem Tod erwartet, inzwischen schon kennengelernt. Sollte es an diesem „Ort" Ämter geben, hat sie vermutlich bereits eines übertragen bekommen. Wir werden sehen.

Eva Petrik – fotografiert bei ihrem 70. Geburtstag 2001 – wie sie vielen in Erinnerung bleiben wird.

UM OS

TEXTE VON EVA PETRIK

Meine Kirche

Warum ich nicht resigniere

Traurig über meine Kirche und in vielen Hoffnungen enttäuscht – warum dennoch nicht? Vorweg: Ich bin von Natur aus eine (vielleicht manchmal zu große) Optimistin und nicht sofort bereit, aufzugeben. Ich glaube an das Gute (auch wenn ich im Konkreten oft nicht genau weiß, was das ist – und vor solchen, die „es immer genau wissen" eher Angst habe), weil ich an diesen Gott glaube, der es letztlich gut macht!

Dass ich nicht resigniere, hat aber auch mit meiner Geschichte in und mit dieser Kirche zu tun. Fast noch ein Kind, erlebte ich während der NS-Zeit Kirche als „verschworene Gemeinschaft", die Gruppe machte stark gegen den „äußeren Feind". Ich war stolz, dazuzugehören. Dieser Stolz bekam weiteren Auftrieb nach 1945. Wir wurden gebraucht und wir setzten uns ein. Dem mühsamen Aufbau des Landes entsprach der nicht weniger mühsame aber durch sichtbaren Aufschwung belohnte und in der erlebten Gemeinschaft bestärkte Einsatz beim Aufbau des kirchlichen Lebens, der Laienarbeit, der Katholischen Aktion. Hinterfragt haben wir damals – das muss ich rückblickend feststellen – kaum etwas. Wir haben (fast) alles hingenommen. Unser Hauptakzent lag auf dem Erleben, dem Miteinanderleben.

Wie heranwachsenden Kindern auf dem Weg zum Mündigwerden ging es uns Laien in unserer Kirche, ging es dem organisierten Laienapostolat. „Verlängerter Arm" der Bischöfe zu sein, wurde uns zu wenig. Wir entdeckten die Bereiche, in denen wir Laien die größere Kompetenz haben als der Klerus – und die wollten wir einbringen in ein partnerschaftliches Miteinander gemeinsamen Wirkens am Heils- und Weltdienst. Und wir stellten unbequeme Fragen: Nach der Art der Machtausübung, nach der Stellung der Laien, nach dem Wert und den Rechten der Frau, ... Wir hinterfragten Traditionen, Normen und dahinterstehende Werte, das Kirchenbild, ... Es war eine bewegte Zeit.

Was eigentlich die Aufbruchsstimmung erzeugte, war die beglückende Erfahrung, gehört und ernst genommen zu werden. Wenn auch der Dialog bei Gott nicht einfach und konfliktfrei war – er fand statt. Es begann das Konzil und griff viele der gestellten Fragen auf. Das Kirchenbild änderte sich „vom Bollwerk zur Brücke". Wir waren „Volk Gottes auf dem Weg". Wir hatten Türen und Fenster geöffnet, was nicht nur frischen Wind herein-, sondern auch Wirksamkeit in die Gesellschaft hinausbrachte.

Was mich heute tieftraurig und besorgt macht, was mich an den Rand der Resignation bringt: nicht, dass vieles so langsam geht, sondern dass allem Anschein nach der Weg zurückgehen soll. Eine zentralistisch-kuriale Kirchenleitung lässt Teilautonomie und Mitbestimmung auch dort nicht zu, wo sie innerhalb der vom Konzil geschaffenen synodalen Strukturen durchaus möglich wäre. Teile des Klerus haben zunehmend Angst vor mündigen Laien. Dialog ist in Rom nicht erwünscht, in manchen Fragen (z.B. Frauenordination) wird er untersagt.

Was mich dennoch optimistisch für die Zukunft stimmt: die Beobachtung, dass auch in kirchlichen Strukturen Druck Gegendruck erzeugt. Noch nie war die „Basis" in den Pfarren, in den verschiedensten Gruppierungen so wach und so interessiert am religiösen Gespräch. Das Leben und das Engagement sind so großartig und vielfältig. (Dass die Pfarren, die Gruppen sich verinseln und nach „oben" abschotten, ist ein Problem, das durch das Verhalten der Kirchenleitung verstärkt, ja sogar mitverschuldet wird. Man kann es nicht der Basis anlasten.) Noch nie waren Kirchenbild und Glaubensgestalt nach innen und Ansehen von Kirche nach außen so differenziert wie heute.

Gerade im nötigen Widerstand gegen allzu ängstliches Kleinhalten reift die Mündigkeit im Denken, Entscheiden und Tun.

Warum also kann und will ich nicht resignieren?

Weil mich die angeführten Beobachtungen hoffen lassen, dass diese meine Kirche sich von unten her erneuern wird. Weil ich, wenn ich an dieser Erneuerung mitwirken will, dies nur drinnen, aber nie von draußen kann. Weil ich mir – auch von einem noch so hohen „Würdenträger“ – meine Heimat nicht nehmen lasse. Weil Kirche für mich – aus meinem Glauben – mehr ist als die (auch in früheren Zeiten oft zur Schau gestellte) abweisende äußere Gestalt: Sie ist für mich die gemeinsame Teilhabe am Leib Christi selbst, ist Leben und Lebensquell. Aus ihr austreten wie aus einem Verein oder einer politischen Partei hieße, mich meiner eigenen Wurzeln zu berauben.

Aus: *Kirche Intern*, Juli 1995

Meine Vision für eine Kirche morgen

Eine Kirche in der Welt – nicht von dieser Welt, aber auch nicht neben ihr

Machen wir endlich Ernst mit der Einleitung zur gleichnamigen Konstitution des 2. Vatikanischen Konzils „Freude und Hoffnung, Bedrängnis und Trauer der Menschen von heute [...] (sind) zugleich auch (unsere) Freude und Hoffnung, Trauer und Bedrängnis". Beunruhigt es uns, dass oft gerade Menschen in schwierigen Situationen (wiederverheiratete Geschiedene u.a.) sich von der Kirche missverstanden und alleingelassen fühlen, ja, von dieser Seite gar keinen Trost und keine Hilfe mehr erwarten? Die junge Kirche sprach – von pfingstlichem Geist erfüllt – eine andere Sprache: „Und alle verstanden sie."

Eine Kirche für die Welt – nicht gegen sie

Das Pfingstwunder ist immer auch politischer Auftrag: Es liegt auch in der Verantwortung der Kirchen wie der einzelnen Christen, mitzuwirken an der Schaffung oder Erhaltung von Strukturen der Gesellschaft, innerhalb derer Leben glücken kann. Missstände müssen aufgezeigt werden, aber das heißt noch lange nicht, die Welt zu verteufeln; und sich von der Welt abschotten, verhindert die Möglichkeit, sie zu verändern.

Eine prophetische Kirche

Die der Welt den Auftrag und das Wort Gottes in das Heute und für morgen deutet, mahnend und aufmunternd zugleich; d.h. eine Kirche, die sich dem Geist mehr als ihrem Kodex verpflichtet weiß.

Eine Kirche, die behausend und dabei nicht einengend ist
Johannes XXIII. hat uns, seine Kirche, ermutigt, Türen und Fenster zu öffnen, um frische Luft ins Haus zu lassen, aber er hat uns nicht aufgefordert, die Mauern niederzureißen! [...] Die Baumkrone ist Heimat für eine Unzahl von Vögeln, aber in Käfigen nisten Vögel nicht. Wie offen sind unsere Gruppen, unsere Gemeinden? Können auch Fremde bei uns heimisch werden. Kann sich bei uns wohlfühlen, auch wer „anders" ist (aus einem anderen Kulturkreis, einer anderen Gesellschaftsschicht, ...)?

Eine gemeinschaftliche Kirche, die sich nicht in erster Linie als hierarchisches Konstrukt versteht
Das Selbstverständnis der Kirche nach dem 2. Vatikanum ist das einer „Communio". Damit Ernst machen bedeutet: mehr Kollegialität und weniger Zentralbürokratie, urteilen und handeln nach dem Subsidiaritätsprinzip, wie es die katholische Soziallehre längst schon vorgibt. Folgerichtig: den Ortskirchen mehr Eigenständigkeit zugestehen, Gemeinden – und hier vor allem auch Laien – als mündig und in ihrem Bereich kompetent anerkennen und mitbestimmen lassen – und dies in der gläubigen Gewissheit der Communio Jesu Christi mit seiner Kirche.
Gemeinsamkeit stärkt, deshalb ist horizontale Vernetzung wichtig: Gruppen sollten einander unterstützen und möglichst viel Austausch pflegen, die Erfahrungen der anderen nützen und Einblick geben in die eigenen (auch in die Misserfolge). So steigen Niveau und Effizienz des Handelns.

Eine geschwisterliche Kirche, in der wir nicht neben- oder (in falsch verstandenem hierarchischen Denken) über- und untereinander, sondern miteinander leben
Paulus formuliert das so: „Ihr alle, die ihr auf Christus getauft seid, habt Christus (als Gewand) angelegt. Es gibt

nicht mehr Juden und Griechen, nicht Sklaven und Freie, nicht Mann und Frau, denn ihr alle seid ‚einer' in Christus Jesus", (Gal 3, 27–28). Werden alle in gleicher Weise ernst genommen, dann fühlen sich auch alle einander und ihrer Kirche verpflichtet. In einer geschwisterlichen Kirche gibt es eine Vielzahl von Möglichkeiten, sich einzubringen, eine Vielzahl von Diensten und Ämtern. Nur eine solche Vielfalt wäre imstande, den Gegensatz zwischen Klerikern und Laien, zwischen Amtskirche und Gottesvolk, mit einem Wort: die Zwei-Klassen-Gesellschaft in unserer Kirche aufzulösen.
Was innerlich Not tut, tut es ebenso zwischen den christlichen Kirchen: Ökumene ist nur möglich in solch geschwisterlichem Geist der gegenseitigen Anerkennung. […]

Eine mutige Kirche, nicht eine ängstliche
Oder mit Jesu Worten gesagt: eine großmütige, nicht eine kleingläubige Kirche: eine Kirche, deren Leitung die ehrliche Auseinandersetzung nicht scheut – weder innerkirchlich noch in der Welt. Eine mutige Kirche hat es nicht nötig, sich hinter Disziplinarmaßnahmen zu verschanzen, unliebsame Querdenker mit Redeverboten zu belegen oder statt guter Argumente Macht auszuspielen.

Eine bunte Kirche, nicht eine eintönige
Eine Kirche, die Vielfalt zulässt, ja fördert. Denn Leben ist Vielfalt – und lebendige Vielfalt in der Kirche zeigt, dass sie lebt. In einer bunten Kirche kann jeder und jede sich einbringen und auch etwas für sich finden: Kinder, Junge und Alte, Intellektuelle und Kreative, Kopf- und Handarbeiter, Menschen verschiedener Spiritualität und verschiedener Kultur. (Wie und wo ist Inkulturation wirklich schon gelungen?)

Eine fröhliche Kirche, nicht eine verzagte

Es ist ein großer Irrtum, dass Ernsthaftigkeit des Denkens und Tuns einer frohen Gesinnung widersprächen; im Gegenteil: Gelassene Heiterkeit stärkt die Tatkraft und führt eher zum Erfolg als Verbissenheit! Und: Wer nicht mit den Fröhlichen lachen kann, kann auch nicht mit den Trauernden weinen. Ist es nicht ein Jammer, zu erleben, wie wenig anziehend manche unserer frommen Christen auf ihre Umwelt wirken nur wegen ihrer andauernden Mieselsucht? Dabei hätte nicht erst Nietzsche feststellen müssen, dass er uns unser Christsein eher abnähme, wenn wir es fröhlicher zur Schau trügen; denn schon Paulus legt uns ans Herz: „Freut euch allzeit im Herrn."

Allen, die am Zustand der Kirche heute zu verzagen drohen, sei die Freude im Herrn eine Hoffnung für die Kirche morgen!

Aus: „Zukunft der Kirche? – Kirche der Zukunft!"
In: Garcia-Cascales, Josef (Hrsg.): *Hat Christentum Zukunft?,* 2004

Was tut der neue Papst?

Wir haben einen neuen Papst! Die Medien sind voll von dem, was die Christenheit, ja die ganze Welt, sich für ihn und v.a. von ihm wünscht.
Mir ist dazu eine Geschichte eingefallen, die sich im Midrasch findet, einer frühen Auslegung der Thora durch jüdische Gelehrte:
Ein Rabbi wird gefragt: „Was tut Gott eigentlich den ganzen Tag?"
Und er antwortet: „Der Tag hat zwölf Stunden. – In den ersten drei Stunden liest Gott die Thora, dann setzt er sich für drei Stunden auf den Thron der Gerechtigkeit, um darauf für die nächsten drei Stunden auf den Thron der Barmherzigkeit zu wechseln. In den verbliebenen drei Stunden spielt er mit dem Leviathan."
Ich bleibe in diesem für mich selbst verblüffenden Bild:
die ersten drei Stunden: Professor Ratzinger, der hervorragende Theologe, legt Schrift und Glaubenssätze aus;
die nächsten drei Stunden: Kardinal Ratzinger, Präfekt der Glaubenskongregation, waltet seines Amtes auf dem „Thron der Gerechtigkeit";
der dritte Abschnitt von drei Stunden ist nun angebrochen, der Kardinal ist zum Papst gewählt, um den „Thron der Barmherzigkeit" zu besteigen, als Stellvertreter Gottes auf Erden und in Nachfolge des Papstes, der am „Tag der Barmherzigkeit" gestorben ist.
Wie wird er das Amt der Barmherzigkeit verstehen?
Ein Satz aus der Regel des hl. Benedikt, dessen Namen sich der Papst gewählt hat, scheint mir richtungweisend und Hoffnung gebend: Benedikt gebietet dem Abt und der ganzen Mönchsgemeinschaft, die Stimme des Jüngsten zu hören und zu beachten.

Die „Jüngsten“, das sind meist die ohne Gewicht und Macht, die an der Basis, in den Gemeinden, in den Regionen, die nichts als ihren Glauben, ihr Engagement und ihre Lebenserfahrung einbringen.

Dass er sein Amt auf dem „Thron der Barmherzigkeit“ in diesem Sinn des hl. Benedikt ausübe, das wünsche ich mir und unserer Kirche von Papst Benedikt XVI.

Ihm und unserer Kirche wünsche ich, was der Midrasch folgerichtig als letzte Stufe prophezeit: Dann wird es ihm gegeben sein, mit dem Leviathan „zu spielen“, d.h. mit Gottes Hilfe das Chaos und das Böse, „gottfeindliche Mächte“ zu besiegen.

Aus: „Quergedacht“, *Der Sonntag*, April 2005

Nur Helfer des Pfarrers?

Der Pfarrer einer kleinen Wiener Stadtrand-Gemeinde war krankheitshalber in Pension gegangen. Aus Mangel an „geistlichem Personal“ konnte die Pfarre nicht wiederbesetzt werden. Der Pfarrer der Nachbarpfarre fungiert ab nun als Moderator. Er stellt mit Erstaunen fest, dass er lange nicht so belastet ist mit der Zusatzaufgabe, wie er befürchtet hatte.

Freilich, die Anzahl der Sonntagsmessen musste um eine reduziert werden. Wer eine Sonntag-Abendmesse mitfeiern will, muss dies in der Nachbarpfarre tun. Hin und wieder, wenn kein Priester für den Sonntag Vormittag zur Verfügung steht, feiert die Gemeinde Wortgottesdienst. (Eucharistiefeiern gibt es selbstverständlich in den Nachbargemeinden.)

Diesen gestaltet der Liturgie-Ausschuss, den ein ehrenamtlicher Diakon leitet. Der steht auch dem Wortgottesdienst vor. Obwohl, auch der Diakon kann vertreten werden, denn in der Pfarre gibt es eine Reihe gut geschulter Wortgottesdienstleiter/-innen und Lektor/-innen.

Auch die übrigen Festpunkte im pfarrlichen Leben gibt es weiterhin. Wie bisher schon sind Laien – meist Mitglieder des Pfarrgemeinderats, aber auch sonstiger Gruppierungen – dafür verantwortlich.

Freilich: Der bisherige Pfarrer geht (fast) allen ab, als Mensch, der sich voll eingebracht hat, als fachlich exzellenter Theologe, als Priester in seinen unersetzlichen Aufgaben. Aber – und das ist es, was den Moderator in Staunen versetzt – das Leben geht weiter, fast wie vorher.

Als er selbst einmal nach einer schweren Operation sechs Wochen lang ausfiel, so erzählt er mir, „stand alles still“. „Und das, obwohl ich doch so Vieles ins Leben gerufen hatte, obwohl ich mich immer selbst darum gekümmert hatte, dass alles gut lief, obwohl ich viele Mitarbeiter und Mitarbeiterinnen hatte, die nur auf meinen Auftrag warteten ... und dann das!"

Ich wagte einzuwenden: „Vielleicht nicht obwohl, sondern gerade deshalb?", erntete aber eher Unverständnis. Jedoch: Wer gewohnt ist, immer nach Auftrag zu arbeiten, macht eben ohne Auftrag nichts. Wer nie Gelegenheit hat, eigene Ideen zu verwirklichen, dem kommen auch keine eigenen Ideen. Ein Pfarrer im „Team Gemeinde", der auch vorsteht, ist viel überzeugender und wirkt nachhaltiger, als ein Vorsteher, der nur Helfer/-innen und keine Mitverantwortlichen hat.

Aus: „Quergedacht", *Der Sonntag*, Palmsonntag 2007

Die Kirche ist unser Leben und unsere Heimat

Laien sind heute ausgezeichnet worden für ihre Mitarbeit in der Kirche – Mitarbeit in ganz verschiedenen Gebieten.
Ich kann im Namen aller sagen: Wir freuen uns darüber – über die Anerkennung, die diese Arbeit findet. Das ist nicht selbstverständlich, dass jemand um diese Auszeichnung für uns eingereicht hat – und dass Sie, hwst. Herr Kardinal, uns diese überreicht haben.
Obwohl: Dass wir diese Arbeit leisten – manchmal unter Schwierigkeiten, aber doch mit Freude –, das ist schon selbstverständlich! Denn wir wissen, wir tun, was wir für die Kirche tun, für uns, denn wir sind Kirche! Spätestens seit dem 2. Vatikanum wissen wir das: Wir sind Kirche, wo immer wir mitarbeiten, wo immer wir leben!
Denn: Die Kirche ist unser Leben – unsere Heimat: Und so, wie wir nicht leben können ohne Kirche, so kann Kirche nicht lebendig sein ohne uns Laien.
Das drückt das Dekret LG 30 so aus: „Die geweihten Hirten wissen sehr gut, wie viel die Laien zum Wohl der ganzen Kirche beitragen. Sie wissen ja, dass sie von Christus nicht bestellt sind, um die ganze Heilsmission der Kirche an der Welt auf sich zu nehmen, sondern dass es ihre vornehmliche Aufgabe ist, die Gläubigen so als Hirten zu führen und ihre Dienstleistungen und Charismen so zu prüfen, dass alle in ihrer Weise zum gemeinsamen Werk einmütig zusammenarbeiten." 20 Jahre später wird das bekräftigt im päpstlichen Nachsynodalen Schreiben *Christifideles Laici* (Johannes Paul II.), das von „Teilhabe der Laien am Leben in der Communio der Kirche" und von ihrer „Mitverantwortung in der Kirche für ihre Sendung" spricht.

Ich sage das aus der Freude langer Lebenserfahrung mit meiner Kirche, aber auch aus einer bestimmten Sorge: Mir scheint dieses „Miteinander“ zwischen Priestern und Laien schwächer zu werden: Mitarbeit ist nach wie vor gerne gesehen, Mitverantwortung zu geben, scheint dem Klerus manchmal schwer zu fallen – auf allen Ebenen. Ich könnte dafür Beispiele anführen.
Daher schließe ich an meinen Dank die ganz große Bitte der Laien an den Klerus, das Gemeinsame wahrzunehmen, auszubauen und zu verlebendigen zum gegenseitigen und gemeinsamen Nutzen und zum Nutzen unserer Kirche.

Dankesworte anlässlich der Verleihung des Stephanusordens in Gold am 23. März 2007

Frauen und Männer

Frauen gehen in die Zukunft

Dieser Titel beinhaltet für mich zwei Gedanken: erstens: Frauen gehen. Und zweitens: In welche Zukunft gehen Frauen?
Dass Frauen sich auf den Weg begeben, scheint mir wichtig, festzustellen. Frauen haben sich schon lang auf den Weg begeben. Im letzten Jahrhundert waren es vor allem Frauen, die sich auf den Weg gemacht haben, waren es Frauen, die immer wieder versucht haben und denen es zum Teil sehr wohl gelungen ist, starre Strukturen aufzubrechen; und sind es immer noch vor allem Frauen, die auf der Suche sind. Sich auf den Weg zu begeben und auf der Suche zu bleiben, dazu gehört viel. […] Sich auf den Weg zu begeben, dazu gehört eine große Sensibilität, um falsche Töne zu hören, die angeschlagen werden. Denken Sie nur an Redewendungen wie „auf die Pauke hauen". Frauen hauen im Allgemeinen nicht auf die Pauke. Das wird ihnen als Schwäche ausgelegt. Frauen verschanzen sich nicht hinter falschen Sicherheiten, und das ist dann ihre scheinbare Unsicherheit.
Um sich auf den Weg zu begeben, braucht es Mut. Mut, sich verunsichern zu lassen, und Mut, Unsicherheit auch eine Zeit lang zu ertragen. Aber nur, wenn man die eigene Unsicherheit anerkennt, kennt und bekennt, bleibt man offen für Überlegung und für Suche.
Um sich auf den Weg zu begeben, braucht es Kreativität. Kreativität, um Neues aufspüren zu können und Utopien zuzulassen. Auch das wird uns Frauen manchmal als Sprunghaftigkeit ausgelegt, als Unsachlichkeit, als Gefühlsüberbetontheit. Doch Sensibilität, Mut und Kreativität sind zutiefst menschliche Eigenschaften, menschliche Tugenden.

Denn Leben heißt, immer auf dem Weg sein, und stehen bleiben bedeutet, gegen das Leben handeln.
So sind wir Frauen also auf dem Weg in die Zukunft. In welche Zukunft? Das scheint mir ungewisser denn je. Unsere Zeit ist raschlebiger denn je. Wir sind aufgewachsen mit Werten von gestern und stehen heute einer Generation gegenüber, der wir Werte anbieten müssen, die in einem unvorhersehbaren Morgen Bestand haben sollen. Die Frage: Was wird morgen gebraucht, was wird morgen noch Bestand haben, ist dringender denn je. Sind neue Werte gefragt? Oder geht es um ein Zurück zu alten Werten? Oder aber gibt es bleibende Werte, die es neu zu interpretieren gilt? […]
Was ist an Sehnsüchten im Menschen von heute vorhanden? Fragen wie „Wer bin ich?, Wohin gehöre ich?, Was gibt mir Halt?" werden immer drängender. Wir Frauen haben uns notgedrungen schon sehr lange auf die Suche nach eigener Identität gemacht. Und wir haben dabei die Erfahrung gemacht, dass Emanzipation nicht ohne die anderen oder gar gegen die anderen, insbesondere gegen die Männer, möglich ist, sondern nur mit ihnen. Wir Frauen haben uns auf die Suche gemacht; und ich glaube, es gilt heute ganz besonders, Männer auf diese Suche mitzunehmen. Nur wenn wir Frauen auch Männern helfen, sich zu emanzipieren, wird Emanzipation im Sinne von frei werden, freiwillig sinnvolle Bindungen eingehen können, gelingen.
In einer Zeit, in der neue Strukturen entstehen, ist die Suche nach dem überschaubaren Bereich groß geworden. Frauen sind dem Leben nahe, sie haben Sensorien für das Kleine, das Unscheinbare. Sie haben Einfühlungsvermögen, das die Neuentdeckung von unkonventionellen Tätigkeitsfeldern ermöglicht. […]
Frauen können nicht nur anderen, sondern vor allem auch einander Geborgenheit geben. In einer Zeit des Konkur-

renzkampfes und des Lagerdenkens wird die Sehnsucht nach Harmonie und nach tragfähiger Beziehung groß. Besonders für uns Frauen ist Solidarität wichtig. Überlassen wir den Konkurrenzkampf den Männern. Geben wir einander Sicherheit. Bauen wir einander auf. Besonders nach Niederlagen und Rückschlägen ist dies wichtiger, als einander die Schuld zuzuschreiben. [...]
Wesentlich ist allerdings, dass man sich nicht nur von etwas emanzipiert, sondern auch weiß, wofür: für Menschen, für eine Aufgabe, für einen höheren Wert, für eine Idee, vielleicht für Gott. Sinnvolle Bindungen sind das, wofür es sich zu emanzipieren lohnt. Letztlich resultiert die Antwort auf die Frage nach dem Sinn des Lebens aus der Überlegung, welche Bindung ich für mein Leben frei wählen möchte, weil ich sie für sinnvoll erachte.

Aus einem Referat bei der 40-Jahr-Feier der ÖVP-Frauenbewegung Vorarlberg am 13. November 1987 in Hohenems

Maria vom Widerstand

Bei mir daheim steht eine kleine mexikanische Holzstatuette. Im Vorbeigehen werfe ich ihr oft einen Blick stillen Einverständnisses zu. Es ist eine Darstellung Marias als einfaches Indiomädchen, wie sie der Überlieferung nach dem Mexikaner Juan Diego erschien. Sie wolle ihrem Volk nahe sein, war ihre Botschaft. Der Ort der Erscheinung in Guadalupe wurde zum Nationalheiligtum. Mit der Fahne der Madonna von Guadalupe voran erkämpften sich die Mexikaner ihre Unabhängigkeit von der Kolonialmacht Spanien. *Maria, Liberaciòn del Pueblo – Befreiung des Volkes* heißt die Zeitschrift der „Marias", einer lateinamerikanischen Frauenbewegung, die sich für die Verbesserung der Lebensbedingungen in den Elendsvierteln einsetzt.

„Maria vom Widerstand" nannte eine deutsche Journalistin eine solche neu entdeckte und neu zu entdeckende Maria: eine Frau wie du und ich, eine Frau, die ihr Schicksal mutig in die Hand nimmt.

„Hätte Maria auf die Verheißung des Engels, die Mutter des Allerhöchsten zu werden, geantwortet: 'Da muss ich erst den Hohepriester fragen!' – wer weiß, ob wir heute erlöst wären?", überlegte eine Teilnehmerin einer Frauenrunde an einem Gespräch über „Selbstfindung und Befreiung".

Jene „Maria vom Widerstand" ist eine starke Frau, stark im Vertrauen auf ihren Gott, über den sie die prophetischen Worte sagt: „Er stürzt die Mächtigen vom Thron und erhöht die Niedrigen. Die Hungernden beschenkt er mit seinen Gaben und lässt die Reichen leer ausgehen."

Während die Bibelwissenschaftler überlegen, ob hier Erfahrungen aus der Vergangenheit des Volkes Israel berichtet oder gegenwärtige Zustände geschildert werden, finden wir in einer Niederschrift von Predigtgesprächen des Ernesto

Cardenal mit seiner Basisgemeinde in Solentiname in Nicaragua die Deutung eines jungen Mannes: „Maria sprach für die Zukunft, denn wir fangen ja gerade erst an, diese Befreiung zu sehen, die sie uns angekündigt hat."

Wir fangen gerade erst an – das gilt nicht nur für Lateinamerika, das gilt für uns alle, besonders für uns Frauen.

Wir fangen gerade erst an, die Befreiung zu sehen und zu leben, die sie uns angekündigt hat.

Aus: „Gedanken für den Tag", Ö1, 16. August 1997

Verlangt die Kirche nach der starken Frau?

Gott hat starke Töchter, aber braucht die Kirche die starke Frau? Natürlich kann man sagen: Selbstverständlich braucht sie sie, das ist keine Frage. Schon allein die Prädikate, die die Kirche hat, bestätigen das: „Mutter Kirche", „Braut Christi" … Allerdings, wenn hauptsächlich Männer bestimmen, dann prägen sie das Kirchenbild. Ich erinnere mich an den Titel einer Enquete: „Kirche – die Mutter mit dem männlichen Antlitz".

Die Kirche braucht die starke Frau. Sie braucht die starke Frau, die sich einbringt in ihrer Spiritualität und Kreativität, mit ihrem Intellekt und ihrer Intuition, mit Mut und Ausdauer. Sie braucht die starke Frau, um Kirche zu sein, wie Jesus Christus sie gestiftet und gewollt und gemeint hat. Sie braucht die starke Frau um ihrer eigenen Ganzheit willen. Sie braucht sie, weil sie sich einfach nicht leisten kann, fünfzig Prozent ihrer Ressourcen nicht zu nutzen.

Die Kirche braucht die starke Frau.

Eine andere Frage ist, ob sie das auch weiß. Oder besser gesagt: Wissen das auch die Kirchenmänner? Das ist meine Frage. Meine Antwort aus der Erfahrung ist: Es wissen wohl nicht alle! Freilich, wenn man sie fragt, dann sagen alle Kirchenmänner: Selbstverständlich brauchen wir die Frauen, wer würde denn sonst … Und dann kommt ein langes Register. „Das Sagen können eben nur ein paar haben (meist sind das Männer), zum Zupacken braucht es aber mehr (meist sind das die Frauen), also selbstverständlich brauchen wir die Frauen!" – Aber: die starke Frau?

Und damit bin ich bei einer zweiten Frage: Verlangt die Kirche nach der starken Frau?

Ja, meine ich, die Kirchen schon, meine Kirche schon. Diese – geprägt vom Kirchenbild des II. Vatikanums – ist nicht denkbar ohne die starke Frau. Die dort entwickelte Communio-Ekklesiologie drückt das eindeutig aus. Denken Sie an das immer wieder zitierte Gleichnis vom Leib und seinen Gliedern. Wir wissen genau, dass mit dem rechten Bein oder mit dem linken Arm allein alles viel schlechter geht als mit zwei Armen und zwei Beinen.

Die Kirche also verlangt nach der starken Frau. Aber wieder muss ich fragen: Verlangen auch die Kirchenmänner nach der starken Frau?

Wenn die Antwort auf meine erste Frage war: „Wohl nicht alle!", dann ist sie jetzt – wieder aus Erfahrung: „Eher sehr wenige!" Dazu ist allerdings zu sagen, das sind nicht die schwachen Männer, die gerade nicht. Sondern die nach der starken Frau verlangen, das sind die starken Persönlichkeiten unter den Kirchenmännern; auch unter den Bischöfen, auch unter den Theologieprofessoren etc.

Weil eben sehr wenige Kirchenmänner nach der starken Frau verlangen, habe ich auch weniger Erfahrung mit diesem Verlangen als mit der Abwehr. Es gibt Abwehrstrategien, die immer wiederkehren. Ich möchte einige Typen solcher Strategien – freilich vereinfachend – charakterisieren:

- Da ist einmal der Chef. Das ist der, der sagt: „Männer bestimmen, was Frauen dürfen"; und auch danach handelt.
- Dann der Väterliche: „Männer wissen, was für Frauen gut ist."
- Weiters der Führer-Typ: „Männer sind es, die sagen, wo es lang geht."
- Und schließlich der Autoritäre: Wenn ihm die Argumente ausgehen, dann bestimmt er: „Schluss der Debatte!" Mit solchen haben wir unsere Erfahrungen von der Pfarr-Ebene bis hinauf in die höchste Zentralstelle.

Es gibt aber auch scheinbar gegensätzliche Typen:

- Da ist der Gnädige: Solche Männer gestehen Frauen ganz gerne ihre „Spielwiesen“ zu. Denn damit haben sie die Frauen ja im Ghetto – scheinbar domestiziert – und können ihre Tätigkeiten gut überwachen.
- Dann ist da noch der Kollegiale: Das sind jene Männer, die sich gerne „Paradefrauen“ holen und sich damit ein Alibi schaffen, das sie des echten Einsatzes für und mit Frauen enthebt.

Ich erinnere mich noch heute an einen Bischof, den ich übrigens persönlich sehr schätze, der während des Österreichischen Synodalen Vorganges der Presse gegenüber betonte: „Wir haben sechs Moderatoren, unter ihnen auch eine Frau.“ Auch eine Frau, das war ich.

Ich erinnere mich auch an … (einen Moderator) der ORF-Sendung „Orientierung“. Einmal bei einer Vorbereitungsbesprechung sagte er: „Ich mache es mir nämlich ab nun zum Prinzip, immer auch eine Frau dabeizuhaben.“ – „Und was tun Sie, Herr Doktor“, fragte ich ihn, „wenn Sie einmal für ein Thema keine kompetente finden und das nächste Mal aber zwei, die kompetent sind?“ Die Frage erstaunte ihn so sehr, dass er die Antwort schuldig blieb.

Solch eher harmlose Beispiele beleuchten dennoch das Problem. Alibifrauen sind auch deshalb ungefährlich, weil es die Frauen sind, die „um Gottes Willen“ keine anderen Frauen oder gar einen ganzen Schwanz davon nachziehen, „das wäre ja entsetzlich“.

Hinter diesen Abwehrstrategien steckt sehr viel Angst: Angst vor Fremdem, Angst vor Andersartigem (Unsere Priesterseminare sind ja nicht gerade Lernstätten für Verständnis des anderen Geschlechts!), Angst vor Neuem, Angst vor Unvorstellbarem; selbstverständlich auch Angst vor Konkurrenz, vor Machtbeschränkung, vor dem Aufgeben-Müssen von Positionen. Und weil Männer auch gelernt haben, dass man Gefühle – Angst ist ein starkes Gefühl – nicht zeigen darf, deshalb werden emotionale Probleme auf einer pseudosachlichen Ebene ausgetragen. Das kann nicht gut gehen.

Man muss dazu sagen, das ist nun bei Gott nicht nur bei Kirchenmännern so. Ich habe ganz ähnliche, oder nein, dieselben Ängste und Abwehrstrategien in der Politik gefunden und ich vermute stark, dass die Strategien im Wirtschaftsbereich nicht viel anders sind. Doch wie heißt das Schriftwort: „Bei euch aber soll es anders sein!"

Was also ist zu tun?

Ein Wort an die Männer, das schon vor langer Zeit gesagt wurde – ich zitiere Erzbischof Jachym, damals Frauenreferent in der Österreichischen Bischofskonferenz. Bei einer Vorbereitungstagung für den Österreichischen Katholikentag 1983 sagte er zu diesem Thema: „Nicht die Kirche muss sich ändern, wir Männer in der Kirche müssen uns ändern." Sein Wort in das Ohr mancher seiner jetzt amtierenden Kollegen! Dass einige – Bischöfe wie andere Kirchenmänner – diese Änderungsbereitschaft haben, weil sie spüren, worum es eigentlich geht, ist unbestritten. Aber trotzdem gilt leider immer noch: Ausnahmen bestätigen die Regel.

Was ist von uns Frauen zu tun?

Auf den einfachsten Nenner gebracht:

- auch gegen Widerstände das einmal erkannte Ziel […] nicht aus den Augen verlieren;
- sich kompetent machen und beharrlich bleiben – auch um den Preis, sehr lästig zu sein;
- Mut für den großen Wurf und zugleich Ausdauer für konsequente kleine Schritte zu haben;
- Das heißt aber auch, ein Netzwerk spinnen und andere Frauen mitnehmen; und das aus gesundem Selbstbewusstsein mit dem Wissen, „Gott will das von mir", ebenso wie aus der Solidarität von Frauen untereinander. […]

Nur in partnerschaftlicher Zusammenarbeit von Männern und Frauen lässt sich Kirche bauen. Verantwortung tragen ist wichtig und dienen ist notwendig; aber gerade nicht in tradierter Aufgabenverteilung, die den Männern die Verantwortung und den Frauen das Dienen überlässt, sondern in der Ausgewogenheit der Geschlechter in beidem. Das Miteinander bestimmt unser Bild von Kirche – unsere Utopie von Kirche: nicht mehr die „Mutter Kirche mit dem männlichen Antlitz“, sondern unsere Kirche mit dem menschlichen und dem göttlichen Antlitz.

Textauszug aus einer Ansprache zur Buchpräsentation von *Gottes starke Töchter* von Ingeborg Schödl, 1998

Gefühle - typisch weiblich, typisch männlich?

„Ein Bub weint nicht." – Auch heute noch werden manche Kinder mit solchen Klischee-Vorstellungen erzogen und auf „männlich – weiblich" fixiert: eine Reduktion auf immer noch bestehende gesellschaftliche Vorurteile und ein persönliches Handicap.

Ein Bub, der nicht weinen darf, wird leicht zu einem Mann, der sich schämt, Gefühle zu zeigen, und zwar positive wie negative. Das hemmt nicht nur seine eigene Entfaltung, sondern auch die mitmenschlichen Beziehungen.

Während meiner Arbeit in kirchlichen und politischen Gremien habe ich mich oft gefragt: Warum laufen Sachdiskussionen mit Männern meist schwieriger als mit Frauen, obwohl doch das Klischee Männern den Sachverstand und Frauen die Gefühlsbetontheit zuordnet? Langsam wurde mir klar: nicht obwohl, sondern gerade weil.

Frauen haben weitgehend gelernt, ihre Gefühle zu erkennen und zu zeigen, zu ihnen zu stehen. Sie können mit ihnen umgehen; sie können daher in einem Gespräch, bei der Bearbeitung eines Problems die Sachebene von der Gefühlsebene trennen. So kommt beides zu seinem Recht.

Männer haben oft gelernt, ihre Gefühle zu verdrängen. Was nicht zum Ausdruck kommen darf, unterschiebt man(n) der falschen Ebene: Man(n) argumentiert pseudosachlich und lässt – oder lässt nicht gerne – erraten, welches Gefühlspotential dahintersteht. Das behindert nicht nur die Problemlösung, sondern die gesamte Kommunikation.

Solches habe ich als eine Spielart „männlicher Strukturen" kennengelernt.

Frauen sollten sich an solche nicht anpassen, sondern Männern aus der Klammer der Rollenfixierung helfen. Männer allerdings müssen sich auch helfen lassen!

Aus: „Quergedacht“, *Wiener Kirchenzeitung*, März 2001

Familie und Kinder

Von den Kindern lernen

Ihr dürft euch bestreben, ihnen gleich zu werden,
doch suchet nicht, sie euch gleichzumachen!

Kalil Gibran, Von den Kindern

Ein Dichterwort, das – aufs Erste – gegen jede Elternpädagogik zu sprechen scheint. Und doch: Nicht nur wir Eltern erziehen unsere Kinder, sie erziehen auch uns. Je mehr wir das bewusst zulassen, um so eher wird Erziehung (beidseitig!) gelingen. Denn vor Erziehung kommt Beziehung.
Wenn ich mich jetzt, da alle Kinder erwachsen und aus dem Haus gezogen sind, zurückerinnere, werde ich gewahr, dass ich im Laufe der Jahre Verschiedenstes und auf vielfältige Weise von meinen Kindern gelernt habe.
Die eigenen Kinder sind ein Spiegel, dem keiner ausweichen kann: Am meisten hat mich an ihnen immer das gestört, worin sie mir am ähnlichsten sind. Was ich so deutlich vor Augen geführt bekam, bemüßigte mich, es bei mir selbst zuerst abzustellen.
Unsere Kinder waren von klein auf schon sehr verschieden, jedes eine eigene, ausgeprägte Persönlichkeit. Das machte es für uns Eltern nötig, genau hinzuhören und hinzusehen und auf die Zwischentöne einzugehen, um manches verstehen zu können. Wir haben gelernt, nicht vorschnell zu sagen: „Ich verstehe dich ohnehin", und billige Ratschläge zu erteilen. So sind wir lernfähig geworden und, wie ich hoffe, geblieben.

Was habe ich gelernt?

Von den ganz Kleinen schon – und jetzt von den Enkelkindern wieder: eine neue Art von Behutsamkeit im Umgang (Kleines ist so zerbrechlich!). Ich habe wieder staunen

gelernt. Kinder entdecken so viele Wunder dort, wo uns schon alles selbstverständlich geworden ist.
Kinder können Freud und Leid ganz intensiv erleben, Erwachsene hingegen sind auf vielfältige Weise abgestumpft. Dass ich Erlebnisintensität und ein gewisses Maß an Ursprünglichkeit bewahrt habe, verdanke ich meinen Kindern.
Im Umgang mit den Heranwachsenden habe ich – oft sehr mühsam – Toleranz und die Beachtung demokratischer Spielregeln erlernt. Meinen Kindern gegenüber, die damals auf der Suche nach dem eigenen Standpunkt, nach einem Weltbild waren, musste ich die eigenen Standpunkte immer wieder überdenken und sehr genau begründen. Auch das war ein Lernprozess!
Schließlich habe ich damals gelernt, einiges an eigenen Wünschen und Zielvorstellungen in Bezug auf die Entwicklung und Entfaltung der Kinder aufzugeben und zurückzustecken. Das war nicht immer leicht, aber eine auch für das übrige Leben und andere Beziehungen durchaus brauchbare Erfahrung.
Auch mit unseren erwachsenen Kindern konnten wir wertvolle Erfahrungen sammeln: Wir lernten, loszulassen, und bemerkten, dass das ein schmerzlicher Prozess für beide Seiten war.
Wir lernten, „mein Problem“ und „dein Problem“ zu unterscheiden und uns – auch gut gemeint – nicht immer einzumischen. Und schließlich lernten wir, die Gewissensentscheidungen unserer Kinder in ihrer Lebensgestaltung auch dann zu akzeptieren, wenn ihre Auffassungen sich von unseren unterscheiden.
Das erst ermöglichte eine neue Partnerschaft, eine Freundesbeziehung und neue Ebene zwischen beiden Generationen. Das erlaubt offene Gespräche, die uns nicht nur unsere Kinder verstehen lehren, sondern durch sie auch diese

Welt, das Heute. Manchmal male ich mir aus, wie hilflos „gestrig“ ich ohne die Weltsicht wäre, die meine Kinder mir täglich neu vermitteln. Und dann bin ich sehr dankbar, immer noch die Chance zu haben, von ihnen zu lernen.

Aus einem Beitrag für die *Wiener Kirchenzeitung*, März 1992

Familien in Vielfalt

Die Familienformen, die Lebensausdrucksweisen von Paaren und Familien, zeigen dieselbe Vielfalt wie auch die plurale Gesellschaft heute, in der sie sich entfalten. Es bietet sich eine Buntheit, vergleichbar mit der eines lebendigen Gartens. Ich möchte beim Bild des Gartens bleiben: Wie kann ich meinen Garten anlegen?

Ich kann die Vielfalt zähmen. Ich lege einen Golfrasen an, säe Grassamen und zupfe jedes hervorsprießende Unkräutlein – oder was ich dafür halte – sofort aus. Auf die Frucht meiner mühsamen Arbeit, auf den gezähmten, uniformierten Rasen kann ich stolz sein.
Lange Zeit war das Familienbild unserer bürgerlichen Gesellschaft und auch das unserer Kirche ein solch uniformes. Wir sprachen lange Zeit von der „heilen Familie". Inzwischen fragen wir uns mehr und mehr, ob man die Vielfalt ohne Nachteile für die Familie zähmen kann, ja, ob man das überhaupt will.

Ich kann die Vielfalt ordnen. Ich setze in meinen Garten eine Rabatte, ein wohl strukturiertes französisches Beet: mit einer Palme in der Mitte und Arabesken drumherum, von innen bis zum Rand. Ich bestimme das Zusammenspiel der Farben; ich kenne mich aus. Ich weiß, was in der Mitte zur Geltung kommt, und was besser am Rand wächst und in den Hintergrund zu rücken hat.
Solcherlei Strukturierungen werden in unserer Gesellschaft ständig vorgenommen, sie haben ja schließlich ihre Vorteile: In selbst geschaffenen Strukturen kennt man sich aus, es lässt sich leicht schematisch denken, alles hat ja seine Ordnung.

Allerdings schaffen wir auf diese Weise leicht Randgruppen; und wer Mittelpunkt und wer Randgruppe ist, bestimmt immer der, der sich im Zentrum befindet. Es ist meist eine Sache des Blickwinkels. Leider fragen auch jene, die sich aufopfernd und verantwortungsbewusst um Randgruppen kümmern, oft nicht, wie diese entstanden sind. Auch in der Kirche sind wir nicht gegen die Versuchung gefeit, Randgruppen zu schaffen oder zumindest zu verstärken. Familien können dadurch in besonderem Maß betroffen sein. Denken wir an manche bei uns geläufigen diskriminierenden Ausdrucksweisen für verschiedene Familienformen: Teilfamilie, Schrägstrichehe etc.

Ich kann die Vielfalt pflegen. Wenn ich in meinem Garten eine bunte Blumenwiese gedeihen lasse, werde ich sehr bald merken, dass auch diese meiner Hege und Pflege bedarf; dass ich düngen und gießen muss, damit all das gedeihen kann, was in aller Vielfalt und durch die Vielfalt die ganze Wiese ausmacht. Und ich werde erfahren, dass es Wasser und Licht für alle braucht, um in Vielfalt leben zu können. Es wird meine Aufgabe sein, darauf zu schauen, dass nicht eine Pflanze die andere im Wachstum behindert. Jede Pflanze ist Geschöpf Gottes. Jeder Mensch ist von Gott beim Namen gerufen, und Gott will, dass Beziehungen glücken. Für diesen glückenden Weg – in aller Vielfalt – ist Beistand zu leisten. […]

Es wird in Zukunft immer notwendiger sein denn je, auf alle Familien zuzugehen ohne Angst vor der Vielfalt, sie zu nehmen, wie sie sind, und ihnen Hilfe zu leisten, wo und wie sie es brauchen.

Aus der Ansprache bei der Festveranstaltung „25 Jahre Katholisches Familienwerk Österreichs“ am 12. März 1993

Großeltern und ihre Enkelkinder

Vorbemerkung
Beziehungen zwischen Enkeln und Großeltern werden – wie andere Beziehungssysteme (Familie, Geschwisterreihe, Partnerbeziehungen) auch – ambivalent empfunden. Das bedeutet aber auch, dass sie – ebenso wie alle Beziehungen – gestaltbar sind, und zwar von allen Seiten, in diesem Fall dreifach: von der Kinder-, der Eltern- und der Großelternseite.
Im Folgenden wird versucht, diese Ambivalenz anhand verschiedener Stichworte darzustellen und Überlegungen zur positiven Gestaltung anzubieten und diese auch durch Fallbeispiele zu illustrieren.

Stichwort: Lebenserfahrung
Großeltern haben lange Lebenserfahrung, Eltern sind „up to date". Beides kann jungen Menschen eine Hilfe zum Aufbau ihres eigenen Weltbildes sein.
Andererseits: Großeltern sind dadurch auch verleitet, zu meinen, alles besser zu wissen, und ihre Erfahrungen anzupreisen. Die muss aber jede Generation selbst machen. Eltern meinen wiederum, alles besser zu wissen, denn heute ist ja (angeblich) alles anders als gestern. Für die Kinder ist schwer zu unterscheiden, was tatsächlich „besser" ist.
Lebenserfahrung haben und „in der Zeit stehen" sind keine Konkurrenzangebote, sondern können einander fruchtbar ergänzen. Dies dann, wenn niemand Absolutheitsanspruch erhebt und nicht oktroyiert. Anbieten statt aufdrängen heißt, dem Gegenüber die Wahl zwischen Annehmen und Ablehnen überlassen und in keinem Fall beleidigt sein. Was

Großeltern auf diese Weise einbringen, steht dann nicht im Gegensatz zum Angebot der Eltern.
Einschlägige „Killerphrasen", die gerne verwendet werden, sind: „Zu unserer Zeit hätte es das nicht gegeben.", „Das waren halt noch Zeiten.", „Wo ist die Moral geblieben?", „Ihr Jungen/Alten habt ja keine Ahnung!", „Davon verstehst du noch nichts/nichts mehr!"

Stichwort: Weltanschauung
Unterschiede in Weltanschauungsfragen (zum Beispiel auch verschieden intensive Religiosität oder Kirchlichkeit) zwischen Eltern und Großeltern können Kindern neue Zugänge schaffen und Heranwachsenden Vergleiche ermöglichen, die wichtig zur eigenen Standpunktfindung sind.
Andererseits: Zwischen unterschiedlichen weltanschaulichen oder religiösen Auffassungen von Eltern und Großeltern fühlen sich Kinder hin- und hergerissen und überfordert. So erlangen sie unter Umständen schwer ein gefestigtes Weltbild.
Großeltern müssen den Anspruch aufgeben, in Fragen der (religiösen) Erziehung gegen den Willen der Eltern, noch dazu vielleicht hinter deren Rücken, ihnen erscheinende Mängel beheben zu wollen. Nur dann können Enkelkinder frei – und sogar mit Interesse – Differenzen in der (religiösen) Praxis beobachten und annehmen. Nur so fühlen Eltern sich nicht durch das Verhalten der Großeltern kritisiert.
Max geht mit den Eltern nur fallweise in die Kirche. In der Familie wird kaum gemeinsam gebetet. Ist er sonntags bei den Großeltern, ist ihm der Kirchenbesuch aber selbstverständlich, er freut sich auf die Abwechslung. Das Tischgebet macht er gerne mit. Die Eltern empfinden solches nicht als unerlaubte Einmischung, sondern als spezifisches Angebot.

Stichwort: Unterschiedliche Interessen

Wenn Großeltern mit den Enkelkindern ihre Interessen und Hobbys teilen, erweitert das den Horizont der Kinder, weil dadurch Bereiche abgedeckt werden, die die Eltern nicht abdecken.

Andererseits: Dass Großeltern und Enkel Gemeinsamkeiten pflegen, an denen Eltern keinen Anteil haben, macht diese oft misstrauisch. Befürchtet wird Reizüberflutung, Geschmacksverwirrung, Zeitverschwendung, ...

Mit den Großeltern das Leben von neuen Seiten kennenzulernen, ist eine Chance für die Kinder, eine Freude für die Großeltern und eine Entlastung für die Eltern. Dies allerdings nur, wenn Pläne und Unternehmungen abgesprochen und im Einverständnis mit den Eltern durchgeführt werden.

Jakobs Opa ist zuständig für Fußball – er war früher Trainer. Sein Rat und seine Meinung sind begehrt. Der Opa erklärt technische Zusammenhänge. Und die Omi ist als Zeitzeugin aus dem Krieg gefragt.

Christian lebt in der Stadt. In den Ferien auf dem großelterlichen Bauernhof darf er bei vielen Arbeiten mitmachen. So eröffnet sich ihm eine neue Welt.

Stichwort: Erziehung

Großeltern haben Abstand von der Familiensituation. Daher können sie (Eltern und Kinder) manchmal besser verstehen, trösten und manches ausgleichen, wo Eltern mit ihrer Geduld und „Weisheit" am Ende sind. Sie können die Eltern entlasten, wo diese ihnen Verantwortung und Sorgepflicht abtreten, indem sie ihnen die Kinder zeitweise überlassen.

Andererseits: Großeltern haben eben Abstand von der Familiensituation. Sie haben weniger Einblick und können daher manches nicht beurteilen. Dennoch wollen sie regelnd eingreifen. Dadurch sabotieren sie erzieherische Maßnahmen der Eltern, wenn sie sie entweder für zu streng oder zu nachgiebig halten. Wenn die Kinder aus der Obhut der Großeltern heimkommen, muss vieles wieder korrigiert werden.

Wie oft sagen doch Eltern, dass ihre Kinder nach dem Besuch bei den Großeltern „Flausen im Kopf und Süßigkeiten im Bauch" hätten.

Großeltern können ihre Enkelkinder verstehen,

- weil sie inzwischen erfahren haben, was aus den eigenen Erziehungsbemühungen geworden ist;
- weil sie aus dieser Erfahrung nicht mehr so unsicher sind und nicht mehr so leicht verzagen;
- weil sie die Eltern ihrer Enkel als Kinder kannten (Vergleiche sind unvermeidlich und können entlastend sein);
- weil sie die Eigenarten ihrer erwachsenen Kinder als deren Eltern beurteilen und ihren Enkeln verständlich machen können;
- wenn sie akzeptieren, dass Zeit- und Umwelteinflüsse sich in einer Generation geändert haben und daher anderes pädagogisches Verhalten erfordern.

Diese Chance können sie nützen,

- wenn klare Regeln aufgestellt werden, zum Beispiel:
  - Wer jeweils die Verantwortung trägt, hat das Sagen (z.B. die Großeltern in Abwesenheit der Eltern).
  - In Zweifelsfällen vergewissern sich die Großeltern des Einverständnisses der Eltern („Würden das deine Eltern auch erlauben?").
  - Debatten über unterschiedliche Erziehungsstile müssen ausgetragen werden, allerdings nicht vor den Kindern.
- wenn weder Eltern noch Großeltern sich die Enkelkinder zu Verbündeten in eigener Sache machen;
- wenn Eltern es nicht als Vertrauensbruch sehen, dass Enkelkinder zu ihren Großeltern oft ein unbefangeneres

Verhältnis haben als zu ihren Eltern – und wenn Großeltern dies nicht ausnützen in einem „Wettkampf" um die Sympathie der Kinder;

- wenn Eltern darauf vertrauen, dass Kinder sehr genau unterscheiden können, was wo und bei wem verboten und erlaubt ist, und dies auch akzeptieren.

Klara wünscht sich ein Moped: Die Eltern erfüllen den Wunsch nicht, weil ihnen der Stadtverkehr zu gefährlich erscheint oder weil sie es sich finanziell nicht leisten können.

Die Großeltern wollen einspringen. Nur im zweiten Fall ist dies gerechtfertigt.

Die Mutter beschimpft wütend das Chaos im Zimmer der Tochter, bis sie den amüsierten Blick der Großmutter auffängt. Sie erinnert sich und wird toleranter.

Vater und Sohn krachen ständig aneinander, weil sie beide die gleichen Hitzköpfe sind. Der Großvater erinnert seinen Sohn an dessen eigene Kindheit und verbessert dadurch das Klima.

Stichwort: Großfamilie

Über gemeinsame Beziehungen zu den Großeltern kann ein „großfamiliäres" Beziehungssystem entstehen, das bedeutet auch Intensivierung der Beziehungen unter den Geschwisterkindern. Das Familienleben wird vielfältiger und bunter. Andererseits: Das Familienleben wird immer wieder durch (vermeintlich) notwendige Rücksichtnahme auf die Verwandtschaft, insbesondere die Großeltern, durchkreuzt, belastet und zum Teil gestört.

In jedem Fall, bei Vorhandensein von Geschwistern und Geschwisterkindern ebenso wie beim Generationssprung von Einzelkind zu Einzelkind, ermöglicht der Kontakt mit den Großeltern die Sicht über den Zaun der kleinen Kernfamilie. Verwandte kann man sich nicht aussuchen, aber sie können auch Freunde werden, und Großeltern sind daran wesentlich beteiligt. Über sie werden Kontakte lebendig erhalten und das umso mehr, je weniger Großeltern darauf erpicht sind, dass alle Kontakte immer über sie laufen. Die eigene Familie wird besser verstanden, wenn Familiengeschichte gemeinsam lebendig wird („Erzählt uns, wie es war, als unsere Eltern noch klein waren."). Einzelkinder können mit Geschwisterkindern „Mehrkinderfamilie" erleben.

Großeltern machen die Erfahrung, wie verschieden ihre Enkelkinder sind und genommen werden müssen. Kein „Lieblingsenkelkind" zu bevorzugen, gelingt dann am besten, wenn man sich und den anderen nicht vorgaukelt, „alle gleich lieb zu haben", sondern ganz natürlich jedes auf seine Weise mag und auf seine Eigenart eingeht.

In einer Sippe von zehn Enkelkindern aus vier Familien freuen sich alle auf den Urlaub mit den Großeltern im „Familien-Mix". Denn das bedeutet Urlaub von den Eltern, von manchen Geschwistern, Erlebnisse mit Gleichaltrigen, Rücksicht auf Einzelinteressen schon bei der Planung. Die Freude besteht nicht nur auf Seiten der Kinder, sondern auch auf Seiten der Großeltern. Entlastend für die Großeltern ist, dass die gemeinsame Zeit und die Verantwortung begrenzt sind, und die Eltern freuen sich über kinderfreie Tage.

Für Einelternfamilien haben Großeltern sehr oft eine stark stützende Funktion, die – auch in ihrer gesellschaftlichen Relevanz – nicht zu übersehen ist. Der gegengeschlechtliche Großelternteil kann für die Kinder zumindest zum Teil das Manko des fehlenden Elternteils ausfüllen.

Alleinerziehende Mütter können oft im eigenen Vater nicht nur eine persönliche Stütze finden, er ist überdies das männliche Element in der Kindererziehung. Alleinerziehende Väter unterstützt die eigene Mutter nicht nur oft im Haushalt, sondern sie ist die mütterliche Großmutter der Kinder.

„Mehrgenerationenfamilien" gibt es in großer Vielfalt. Eines haben sie gemeinsam: Sie bieten unerhörte Chancen für alle Generationen, die Großeltern, die Eltern und die Kinder.
(Dieser Beitrag wurde gemeinsam mit Josef Petrik verfasst.)

Aus: *diakonia* 1996/6 – „Zueinander der Generationen"

Ökumene und interreligiöses Gespräch

Alle sollen eins sein

Jedes Menschen Beitrag

Vor einigen Jahren hatte ich auf einer Reise durch Syrien in Damaskus die Gelegenheit, an einem Gespräch mit dem syrisch-orthodoxen Patriarchen teilzunehmen. Die Stiftung PRO ORIENTE, die Kardinal König zur Intensivierung des Kontakts der römisch-katholischen Kirche mit den Ostkirchen ins Leben rief, konnte dort schon manche sehr erwünschte materielle und geistige Hilfe leisten. Daher war Österreich für den Patriarchen ein Begriff, und das Gespräch sehr offen und lebendig. Was uns erstaunte, war die intensiv gepflegte und lebendige Ökumene unter allen syrischen Christen verschiedener Konfessionen: monatliche Konferenzen der Geistlichen, gemeinsame Hirtenbriefe, allgemein zu verwendende Predigtunterlagen, ... „Angesichts unserer Minderheitensituation inmitten eines muslimischen Landes ist das für uns Christen überlebenswichtig“, stellte der Patriarch mit der größten Selbstverständlichkeit fest.

Ich wünsche mir, dass in unserer Heimat Ähnliches gelingt, noch bevor uns eine Diasporasituation dazu zwingt. Allerdings: Wenn auch die Zusammenarbeit zwischen den hohen Würdenträgern der christlichen Kirchen noch nicht intensiv und regelmäßig ist, im Ökumenischen Rat der Kirchen, in dem sie alle vertreten sind, da ist sie gut und sehr persönlich.

Und noch etwas: Wenn auch die ökumenischen Bemühungen auf hoher Ebene derzeit wieder zu stagnieren scheinen, an der Basis geht viel voran. Theologische Spitzfindigkeiten und kirchenrechtliche Barrieren werden in den Pfarren nicht verstanden, aber ein in der Praxis gangbarer Weg wird von immer mehr Christen und Christinnen beschritten. Und das sind starke Zeichen der Hoffnung!

Was kann ich als Einzelner tun? Was können wir als Basisgruppe voranbringen:

- Begegnung suchen, um einander kennenzulernen. Besonders in den größeren Städten bietet sich immer wieder die Möglichkeit, Gemeinden anderer christlicher Konfessionen (Evangelische, Altkatholiken, Orthodoxe, Methodisten, Anglikaner, ...) zu besuchen und auch an der Liturgie teilzunehmen. Interkonfessionelle Gespräche in kleinen Gemeinschaften oder von Mensch zu Mensch erweitern nicht nur den eigenen Horizont, sondern lehren, die anderen besser zu verstehen.
- Gemeinsames Bibellesen, Beten und Feiern sollte nicht nur einmal im Jahr während der Weltgebetswoche angesagt sein.
- Ökumenische Projekte im Religionsunterricht können von den verschiedenen Konfessionen gemeinsam gestaltet werden.
- Damit sind wir beim gemeinsamen Tun: Soziale Aktivitäten auf ökumenischer Basis haben in Österreich schon gute Tradition, sei es Flüchtlingsbetreuung, Hilfe für Drogenabhängige oder Telefonseelsorge. Dies sollte mehr bekannt gemacht werden, denn solche Beispiele ermutigen zum eigenen Engagement.
- Dass katholische und evangelische Pfarrgemeinden an Ökumene interessiert sind, ist deshalb besonders wichtig, weil Eltern verschiedener Konfession samt ihren Kindern entweder in der evangelischen oder in der katholischen Pfarre Heimat geboten werden muss, wenn sie dies wollen. Denn erst das Miteinanderleben macht Kirche auch für gemischt-konfessionelle Familien konkret.

Einheit sein

Wie andere an Ökumene Interessierte bekomme auch ich oft zu hören: „Ihr redet immer von der Einheit der Chris-

ten! Kehrt doch vor der eigenen Tür! Wie sieht es mit der Einheit in deiner Kirche aus, wie in der politischen Partei, in der du dich engagierst? Wie ist es um das Klima bei euch im Büro bestellt? Wie geht es dir mit deinem Freund, mit deiner Freundin?“
Ich gestehe, solche Vorwürfe kommen nicht ganz zu Unrecht.

Wer überlegt, was er in seinem Umfeld ändern könnte, muss sich darüber klar sein, wie Einheit zu verstehen ist. Der Evangelist Johannes berichtet die Abschiedsrede Jesu. „Alle sollen eins sein wie du, Vater, in mir bist und ich in dir bin!“, betet er für seine Jünger wie für uns Christen und Christinnen heute. Und Paulus legt uns im ersten Korintherbrief ans Herz: „Seid ganz eines Herzens und eines Sinnes.“
Eines Sinnes sein kann nicht heißen: immer die gleiche Meinung haben, aber es erfordert das Eingehen auf sein Gegenüber, um dessen Meinung verstehen zu können. Eines Sinnes sein heißt nicht, gemeinsam dieselben Ängste und Wünsche zu haben, sondern bedeutet das Bemühen, die Ängste und Wünsche des anderen zu akzeptieren.

Eines Herzens und eines Sinnes zu sein, heißt schließlich ganz und gar nicht, keine Konflikte miteinander zu haben und nie zu streiten. Im Gegenteil: Wer sich in einer Beziehung dieses Ziel setzt, ist stets in Gefahr, alle Konflikte zu verdrängen, unter den Teppich zu kehren. So können sie nie gelöst werden. So lernt man auch nicht, mit unlösbaren Konflikten – auch die gibt es – zu leben. Im Gegenteil, übertriebene Harmoniesucht kann zu schweren psychischen Folgen von steter Verdrängung führen. Streitkultur kann man lernen, mit Konflikten muss man gemeinsam umgehen – nur am Streit kann man Versöhnung lernen. Und wie

Versöhnung geschieht, wird zum Beispiel für jene, die auch den Streit miterlebt haben.
Wo Menschen zusammenleben, müssen Entscheidungen getroffen werden. Die schlechteste Methode dafür ist die des Befehls, des Dekretierens von oben. Besser ist es, alle Betroffenen an Entscheidungen zu beteiligen. Sich dabei nach einem demokratischen Abstimmungsergebnis zu richten, ist nur dann befriedigend, wenn auch auf die Rechte und Bedürfnisse der Minderheit geachtet wird. Oft müssen von allen Seiten Kompromisse eingegangen werden.
Am aufwändigsten an persönlichem Engagement und auch an Zeit ist der Weg der Konsensfindung. Das bedeutet, einer Sache so lange im Gespräch auf den Grund zu gehen, bis man gemeinsam ein Ergebnis erzielt, das möglichst viele möglichst gut zufriedenstellt. Am Ende erreicht man damit mehr als Einstimmigkeit. Einmütigkeit nennt es der Theologe Paul Wess.
Nach solchen Gesprächen können die Beteiligten ehrlich sagen: „Wir sind uns eins geworden."

Aus: „Morgenbetrachtung", Ö2, 24.–30. Jänner 1999

Leben mit Vorbildern in der heutigen Zeit

Was sind heute Vorbilder, Idole, Stars im gängigen Sprachgebrauch? Wenn wir uns unter jungen Menschen umschauen und umhören, was am ehesten ankommt und zu enthusiastischen Beifallsstürmen hinreißt, erkennen wir: Das sind Popstars, Sportidole, es sind einige wenige klassische Künstler oder Interpreten. Überhaupt nicht mehr sind es – wie noch vor einigen Jahrzehnten – Politiker und – das ist eine langjährige, z.T. frustrierende Erfahrung – auch nicht mehr oder nur mit ganz seltenen Ausnahmen Repräsentanten von Kirchen oder Religionsgemeinschaften. Ich denke, der Dalai Lama ist z.B. eine solche Ausnahme. Ich frage mich, ob wir im Christentum oder im Islam heute noch Menschen haben, die weltweit und über Konfessionsgrenzen hinweg als Idole gelten können.

Diese Tatsache fordert uns zur Auseinandersetzung mit einem schwierigen Problem heraus: Wie kommen wir mit unseren religiösen Vorbildern, oder solchen, die wir für brauchbare Vorbilder halten, gegen den Zeitgeist an, oder aber, auf welche Weise können und wollen wir mithalten? Oder bildhaft formuliert: Wie verpacken wir unsere Inhalte, damit diese Verpackung uberhaupt anreizt, geoffnet zu werden? Ist neben dem Inhalt die Verpackung auch wichtig und wie sehr?

In meiner, der katholischen Kirche dreht sich die Debatte schon sehr lange um eine Richtungsentscheidung: Soll sie eine Kirche gegen diese Welt sein oder eine Kirche für diese Welt, eine Kirche in dieser Welt, ohne aber in dieser Welt aufzugehen oder gar unterzugehen? Wo ist die Grenze zwischen einem – wie es Papst Johannes XXIII., der Papst unseres letzten Konzils, formuliert hat – notwendigen „Aggiornamento“ und einer unnötigen und falschen Anbiederung? Diesen Fragen müssen wir uns stellen, wenn wir heute darüber nachdenken, ob wir jungen Menschen richtige Vorbilder geben und wie wir das tun können.

Vorbilder in den Religionen

Ich bin der Überzeugung, dass der Islam und das Christentum sehr wohl gemeinsame Vorbilder haben: Wir haben einen gemeinsamen Stammvater Abraham. Die Propheten des Alten Bundes, des Juden- und Christentums, sind unsere gemeinsamen Propheten, Jesus (als Prophet) und Maria als seine Mutter werden in beiden Religionen, im Islam und im Christentum, anerkannt und wohl auch als Vorbild gesehen. Und wir haben selbstverständlich unsere je eigenen religiösen Vorbilder: der Islam Mohammed als den Propheten, als Religionsstifter, das Christentum Jesus als den Messias und Gottes Sohn, wie es unser Glaube lehrt; das Christentum, vor allem in der katholischen Ausprägung, die Heiligen, die nicht nur als Vorbilder schlechthin galten und gelten, sondern auch als Patrone und Fürsprecher bei Gott. Das ist noch etwas mehr. Bei der Taufe erhält das Kind mit dem Namen einen Namenspatron. Die Bedeutung, die ihm zugemessen wird, ist wahrscheinlich aus europäischer Tradition und Geschichte zu verstehen: Um zum Herrscher, zum Monarchen vorzudringen, brauchte man einen Patron, der Machtlose unter seinen Schutz stellte und für sie Fürsprache einlegte.

Nicht nur der Einzelne, sondern auch Berufsstände, Länder, Städte und Orte haben solche Patrone. Sind diese Heiligen heute noch – wenn auch infolge der demokratischen Entwicklung nicht mehr als Patrone im ursprünglichen Sinn – Vorbilder? Ich meine, sie sind es unter einer Voraussetzung, nämlich, dass Menschen diese Vorbilder durch ehrliche Biografien kennenlernen, nicht geschönt und nicht idealisiert, sondern so, dass nicht nur das Ziel zu erkennen ist, auf das sie im Leben zugingen, sondern dass ihr Weg nachzuvollziehen ist. Auch darüber sollten wir uns Gedanken machen.

Kann man „vorbildlich" leben?

An dieser Stelle bleibt es uns nicht erspart, über unser eigenes Leben nachzudenken. Das können wir als Muslime und Muslimas sowie als Christen und Christinnen sehr gut gemeinsam tun. Wir sind alle Lebende in dieser Zeit, und ich denke, dass wir uns alle von Gott in diese Zeit gerufen und gestellt fühlen. Das bedeutet für mich, Zeugnis zu geben von meinem Glauben und in diesem Sinn Vorbild zu sein. Das heißt, mein Bemühen sichtbar zu machen, wobei ich unter Sichtbarmachen verstehe, mich zu erkennen zu geben, nicht aber, mich zur Schau zu stellen. Christen und Christinnen kennen das biblische Gleichnis vom Pharisäer und vom Zöllner. Ich verstehe den Unterschied zwischen „Sichtbarmachen" und „zur-Schau-stellen" in dem dort geschilderten Sinn. Weiters heißt das, andere glaubhaft auf meinem Weg mitzunehmen, ihnen dadurch das Ziel zu zeigen, das ich anstrebe, aber nicht Vollkommenheit vorzutäuschen und nicht überall dort die Jalousien herunterzulassen, wo es Probleme gibt, die ich selber habe oder anderen mache. Denn wer Probleme hat, der macht welche und umgekehrt. Es geht also um dieses sichtbare Bemühen in aller Ehrlichkeit; das bedeutet, zu meinen Misserfolgen genauso zu stehen wie zu meinen Erfolgen, meine Irrwege genauso zuzugeben wie die Versuche, den rechten Weg zu erkennen und zu gehen. Es geht also schlichtweg darum, auch meine Fehler einzugestehen – mir und den anderen. Ich kann auch meinen Kindern nur dann Vorbild sein, wenn ich meine Fehler zugebe. Verbergen kann ich sie ohnehin nicht vor ihnen, denn sie bemerken sie sowieso! Es

wäre nur blamabel, sie nicht einzugestehen oder vorzugeben, sie (als Einzige) nicht zu sehen.
Wir müssen um Offenheit bemüht sein. Die Weite der Gesinnung bewirkt Toleranz und ist nötig, will man aufeinander zugehen. Sich auf den Weg zu machen, heißt für gläubige Menschen immer, sich gemeinsam auf den Weg zu machen. Und das gilt, davon bin ich fest überzeugt, nicht nur innerhalb einer Religionsgemeinschaft, sondern auch zwischen den Religionen. Und das muss in besonderem Maß gelten zwischen den Religionen, die zu einem gemeinsamen Vater beten. Das ist die Voraussetzung für ein Miteinander in Frieden. Darum geht es im Christentum und im Islam, und es geht uns gemeinsam um diesen Frieden miteinander. Es gab Zeiten, in denen wir das als Christen falsch oder nicht gesehen haben, und es gibt in allen Religionen Anlassfälle, wo manche das anders sehen, als sie es sehen sollten. Ich bin überzeugt, gerade in der heutigen Zeit sind wir aufgerufen, diesen gemeinsamen Weg des Friedens zu suchen und zu gehen.
Noch ein Aspekt ist mir wichtig: Vorbild in diesem Sinn zu sein und andere auf dem Weg mitzunehmen, das ist ein Auftrag an jeden gläubigen Menschen. Aber auch ein Mensch, der sich – aus welchem Grund auch immer – diesem Auftrag nicht stellen will und ihn beiseite schieben zu können meint, auch ein solcher Mensch ist Vorbild. Auch wir selbst machen die Erfahrung, dass die Wirkung unseres unbewussten und ungewollten Vorbild-Seins genauso stark, ja vielleicht noch stärker ist als die des bewussten, gewollten. Ja, oft resignieren wir sogar deshalb oder sind traurig, weil unser bewusstes Vorbild scheinbar so wenig bewirkt. Dennoch: Wir haben eine Beispielwirkung, in unserem eigenen Umfeld, in Familie und Beruf, und zwar im Positiven wie im Negativen, einfach durch unser gemeinsames Leben.
Wir wissen, dass die Dinge im ethischen Bereich genauso

liegen, im positiven wie im negativen Sinn. Miteinander leben prägt wesentlich stärker als miteinander reden, noch drastischer: als aufeinander einreden. Wir reden oft viel zu sehr aufeinander ein, als dass wir miteinander reden und wirklich miteinander leben. Ja, häufig leben wir nicht mit- sondern nebeneinander, aber wir reden ständig aufeinander ein! Das sollten wir bedenken, wenn es um Beispiel, um Vorbild geht. Erlebnisse mit anderen Menschen sind prägender als alle Theorien!

Aus einer Podiumsdiskussion im Islamischen Kulturzentrum
im Mai 2002

Politisches Handeln

Wie politisches Handeln effizient wird

Wie soll – muss – Politik betrieben werden?

Kooperativ und gesprächsbereit: Für verschiedenste Bemühungen, die wir nicht allein zuwegebringen, werden wir Sachkooperationen eingehen müssen. Solche „Koalitionen" mit verschiedenen Gruppen in verschiedenen Bereichen, auch mit differenten politischen Strömungen, dort wo man sich in einem bestimmten Anliegen auf einer Linie findet, ermöglichen Christen erst das Eingehen auf die Gesellschaft und der Kirche das Eindringen in sie. Wo Plattformen für Initiativen geboten werden, ist Vernetzung möglich.

Sachkundig, kompetent und professionell: Politische Arbeit ist etwas, was man nicht „mit links" machen kann, auch nicht nebenbei dilettantisch als Freizeitbeschäftigung, weil es einen freut, „ein bisschen zu rühren". Wer ohne Sachkenntnis werkt, schadet der Sache und schädigt nicht nur den eigenen Ruf, sondern auch den der Gruppe, die er vertritt. Das gilt – es muss gesagt sein – auch für jedes politische Auftreten der Kirche!

Verbindlich: Sich persönlich einlassen, so sehr und so lange es die Sache und die Menschen brauchen – nicht nur, soweit es einen selbst gerade interessiert: ganz oder gar nicht.

Prioritäten setzen: Dabei ist es nötig, Prioritäten zu setzen, denn sonst verzettelt man sich. Ich habe es sehr oft erlebt, dass dort gar nichts geschah, wo alles zugleich begonnen wurde.

Strategisch und zielstrebig: Politische Verantwortung muss strategisch und zielstrebig ausgeübt werden. Ohne Grundlagenarbeit und langfristige Planung wird Kraft und Zeit vergeudet. Kirchliche Initiativen hätten da mehr Chancen als manche politische Partei. Politische Parteien sind immer im Dilemma, Langzeitziele zu haben, aber kurzfristig wiedergewählt werden zu müssen, um diese auch vertreten und durchsetzen zu können. Das schadet den politischen Strategien, das schadet manchmal auch der politischen Moral. Kirchliche Projekte hängen hingegen nicht von der Dauer einer Legislaturperiode ab.

Öffentlich handeln: Auch das gehört zur Strategie: nicht zwingend überall dabei sein wollen oder müssen, sondern zu wählen und aufzuteilen. Aber es heißt auch nicht, sich ins Ghetto zu begeben oder sich ins Ghetto stellen zu lassen. Manchmal – so ist meine Erfahrung – begeben wir uns eher selber ins Ghetto, als dass wir dort hingestellt werden. Es ist bequemer, lieblicher, angenehmer, eine Spielwiese zu haben mit einem Zäunchen rundherum, als sich auszusetzen. Politisches Handeln ist aber immer öffentliches Handeln.

Zuletzt: zukunftsweisend und prophetisch: Politisches Tun ist all dies nur, wenn es zukunftsweisend und prophetisch ist. Durchführbar ist das wohl nur in einem Dreischritt, der bei allen Strategien bedacht werden muss, in einem Dreischritt, der da heißt: Bewusstseinsbildung, Einstellungsänderung und schließlich Aktion. Dass eines ohne das andere nicht genügt, ist eine oft schmerzliche, oft schöne, immer aber grundlegende Erfahrung.

Aus: „Die öffentlich-politische Verantwortung der Christen", erschienen in *actio catholica*, Heft 2/1995

„10 Gebote“ politischen Handelns

1. Solidarität

[...] Nur in Solidarität, in Geschwisterlichkeit untereinander wird die Gleichheit der Würde aller Menschen – unabhängig von Herkunft, Besitz oder Eigenleistung – anerkannt. Die Personenwürde allein ist das Fundament der Gleichheit. Solidarität schließt eine Option für jene, die Hilfe besonders brauchen – Randgruppen, Benachteiligte, Arme – nicht nur nicht aus, sondern bedingt sie sogar. Armut und Benachteiligung werden mehr und mehr zum Problem unserer modernen Zeit. Prof. Schasching hat bereits vor zwölf Jahren gewarnt: „Wir sind in Gefahr, in eine neue Form der Zwei-Klassen-Gesellschaft hineinzukommen: Jene, die über eine gesicherte Arbeit verfügen, und jene, die keine mehr haben oder nur mehr Gelegenheitsarbeit finden. Infolge davon wird es zusehends zu starken Einkommensunterschieden kommen und zu neuen sozialen Spannungen.“ In den zwölf Jahren seither wurde nicht nur nicht effizient gegengesteuert, sondern das Problem hat sich noch ganz wesentlich verschärft.

Solidarität aus christlicher Verantwortung muss offen sein. Offene Solidarität schließt alle, die es brauchen, ein. Geschlossene Solidaritäten hingegen schließen aus, ja sie stärken ihr Gruppenbewusstsein und die Schlagkraft gemeinsamer Interessensvertretung gerade am Ausschluss Einzelner oder bestimmter Gruppen. Geschlossene Solidaritäten gegen andere haben Feindbilder oder schaffen Feindbilder. Was wir hingegen brauchen, sind starke Bemühungen, all jene zu vertreten, die dies nicht selbst können, und mit ihnen solidarisch zu sein.

2. Personalität

Der Mensch ist der Mittelpunkt unseres politischen Handelns. Der Mensch ist der Mittelpunkt der Bemühungen des Staates und der Kirche. Das sind Gemeinschaften um des Menschen willen, und nicht umgekehrt. Ich denke, dass es gerade in jüngst überwundenen totalitären Systemen umgekehrt war: Dort wurde der Mensch missbraucht als Mittel für die größere Einheit. *Der Mensch ist der Weg der Kirche*, war der Titel des vor fünf Jahren erschienenen Sozialhirtenbriefes der österreichischen Bischöfe. Dieser Titel wiederum bezog sich auf ein Papstwort. „Der Mensch", so noch einmal Kardinal König, „ist nicht das Produkt, sondern der Maßstab seiner Gesellschaft." Und politisch handle ich, wenn ich mir die Probleme der Menschen zu meinen eigenen Problemen mache. Übrigens muss diese Haltung ebenso Grundlage des pastoralen Handelns sein wie des politischen.

3. Gerechtigkeit

Ist eine ganz wesentliche politische Tugend – einerseits, indem ich mich frage, was dem Menschen jeweils zukommt: nicht allen das Gleiche, sondern wohlgeprüft jedem das Seine; und andererseits, indem ich ihn als Partner mitbestimmen und mitreden lasse und auf ihn höre, was denn das Seine sei. Gerechtigkeit bedeutet die Pflicht, Menschen zu ihren Rechten zu verhelfen. „Arme wird es immer unter euch geben", hat Jesus Christus gesagt; und Almosen werden daher wahrscheinlich immer nötig sein. Aber hier geht es nicht um Almosen, hier geht es um die Verschaffung von Recht, hier geht es nicht um Wohlfahrtsdienste, sondern um Hilfspflicht. Hildegard Burian, die erste christlichsoziale Abgeordnete der 1. Republik und Gründerin der Caritas Socialis in Österreich, sprach von einem „Recht auf Nächstenliebe" und von der „Pflicht zu helfen".

4. Ökologische Bedachtsamkeit
Auch dies hat mit Gerechtigkeit zu tun, ist Gerechtigkeit gegen die Schöpfung und ist Verantwortung für die Zukunft.

5. Richtiger Umgang mit Macht und Friedensgesinnung
Nicht Macht an sich ist schlecht, wohl aber Machtmissbrauch. „Er spricht wie einer, der Macht hat“, heißt es von Jesus Christus. Wir sprechen von einer Macht der Liebe, wir sprechen aus Erfahrung von einer Macht von unten. Wie und wozu Macht gebraucht wird, kann gut oder schlecht sein. Und dies zu überlegen, ist eine große Verantwortung derer, die Macht haben. Jemand, der sich einlässt in politisches Handeln, der Verantwortung trägt, hat in seinem Bereich auch Macht. Das kann gerade die Last sein, die man damit auf sich nimmt, weil täglich neu zu überlegen ist: Wie gehe ich mit dieser Macht um?

6. Toleranz
Toleranz ist nicht Standpunktlosigkeit oder Laisserz-faire, sondern heißt, im Dialog mit dem anderen sein und sich auf ihn einlassen, ihn zu verstehen suchen, indem man sich in ihn einfühlt. Toleranz haben heißt, in Pluralität einen Wert sehen.

7. Beachtung von Subsidiarität
(Damit finden sich bereits drei Hauptpunkte katholischer Soziallehre in diesen „10 Geboten“.) Subsidiarität beachten heißt, von der höheren Ebene aus nur tun, was die nächst niedrigere, die kleinere Einheit nicht für sich selbst leisten kann.
Es ist eine Versuchung, Subsidiarität zu missachten, weil sich so nicht nur „große“ Politik einfacher machen, sondern z.B. auch das Familienleben „flüssiger“ gestalten ließe.

Beachtung von Subsidiarität ist in der kleinen Sozietät Familie wie in der großen Gesellschaft – für Eltern also wie für Politiker – sicher mühsam, dennoch aber dort wie da notwendig. Nur im rechten Sinn beachtete Subsidiarität ist eine Entfaltungschance und Hilfe zur Selbsthilfe.

8. und 9. Wahrhaftigkeit und Demut

Wie ich vorhin von Macht gesprochen habe, meine ich auch, von Demut sprechen zu müssen. Wahrhaftigkeit heißt für mich, zu einer von mir erkannten Wahrheit zu stehen, sei es gelegen oder ungelegen. Die dazugehörige Demut heißt für mich, dabei zu wissen, dass meine Erkenntnis in dieser geschöpflichen Welt immer nur ein Teil der ganzen Wahrheit sein kann, ein Segment. Wie sagt Paulus so schön: „Jetzt sehen wir bruchstückhaft, wie durch einen Spiegel, dann aber von Angesicht zu Angesicht […]“, (1 Kor 13,12). (Spiegel haben damals eher verschleierte als klare Bilder gegeben!) In Demut sind wir wissend, dass wir erst im Jenseits die ganze Wahrheit geschenkt bekommen werden, und wissend, dass daher jeder ein anderes Segment, eine andere Sicht und eine andere Einsicht dieser einen Wahrheit haben kann.

Zu dieser Wahrhaftigkeit gehört für mich im politischen wie auch im kirchlichen Leben, v.a. auch im medialen Bereich, die Durchsetzung einer „Sprache, die der Information dient und nicht der Verschleierung“. (So drückte es einmal Erhard Busek aus.)

10. Spiritualität

Zulehner beschreibt sehr schön und eindeutig, dass ein Mensch, je politischer er ist, umso spiritueller sein muss. Politisches Handeln, will es sich nicht verzetteln und verlieren, bedarf der Spiritualität, und Spiritualität, will sie nicht im leeren Raum bleiben, bedarf der Erdgebundenheit des

Handelns der Politik. Spiritualität und Politik: Ich meine, dies ist etwas wie Einatmen und Ausatmen. Dieses Im-Geist-verwurzelt-sein, dieses Leben aus einer geistlichen Mitte heraus, das ist es, was einzig und allein die Kraft geben kann für unser Planen und Tun, für unseren Einsatz als Christen in dieser Welt.

Aus: „Die öffentlich-politische Verantwortung der Christen", erschienen in *actio catholica*, Heft 2/1995

Gott
und das Leben

Lebenszeichen

Das Windspiel

Je älter ich werde, umso öfter krame ich in Erinnerungen, und das nicht nur im übertragenen Sinn. Viel hat sich angesammelt, von überall her zusammengetragen. Und manches davon ist mir zum Sinn-Bild geworden: zum Bild für Sinn und Zusammenhänge, zum Zeichen für Beziehung und Zuwendung. Das hilft bei der Klärung des „Woher" und „Wohin".

Mit solchen Stücken gelingt es besser, flüchtige Augenblicke fest und Vergangenes in Erinnerung zu behalten. Sie werden zu Lebenszeichen im doppelten Sinn: Zeichen, dass ich lebe, und Zeichen, die mich das Leben besser verstehen lassen.

Meine Sammlung ist mir zum Schatz geworden.

Dass ich vor einiger Zeit siebzig wurde, ist mir Anlass, in dieser Woche das eine oder andere Stück aus meiner Schatzkiste zu holen, um es wieder einmal genauer betrachten zu können und Erinnerungen und damit verbundene Gefühle hochkommen zu lassen.

Im Garten vor meinem Fenster hängt in den Zweigen einer Birke ein solches Lebenszeichen: ein Windspiel. Eine liebe Freundin hat es für mich angefertigt aus Nylonschnur und Messingrohr und viele zärtliche Gedanken und Gefühle der Verbundenheit mit hineingeknotet. Wenn der leiseste Windhauch die Birkenzweige durchstreift, kann ich die Melodie ihrer Gedanken hören. Wenn Sturm und Wetter drohen, nehme ich das kleine Ding in die Wohnung. Es könnte Schaden leiden. Ist es nicht so, dass das Wesentliche sich besser leise als im Getöse mitteilt? Ich jedenfalls habe das in meinem Leben oft so erfahren.

Im 1. Buch der Könige im Alten Testament wird uns erzählt, dass Gott der Herr sich dem Propheten Elija nicht im Sturm oder im Erdbeben, sondern im Säuseln sanften Windes offenbarte.

Die Meeresschnecke

Zu meinen Erinnerungsstücken, meinen Lebenszeichen gehört auch eine große Meeresschnecke. In meiner hohlen Hand kann ich sie gerade halten. Als ich sie geschenkt bekam, war ich fünf. Damals brauchte ich beide Hände, um sie zu umfassen. Ein Onkel brachte sie mit von weither – von den Balearen. Schon der Name war geheimnisvoll – und das Meer hatte ich noch nie gesehen.

Das Wunderding hat eine Oberfläche voller Rillen – so stellte ich mir den Sandstrand vor – und sein Rand ist genauso wellenförmig, wie ich damals immer Wasserwellen zeichnete! Außen grauweiß, schillert es an der Innenseite rosa-perlmuttfarben.

„Das ist das Haus, in dem das Tier gewohnt hat", sagte mein Onkel, und: „Halt die Schnecke ans Ohr, dann hörst du den Ozean rauschen." – Das Wunder geschah, ich war verzückt.

Noch heute, wenn mich die Sehnsucht nach Meer und Weite packt, wenn mir die Zimmerdecke auf den Kopf zu fallen droht, halte ich heimlich die Schnecke ans Ohr und dann fühle ich mich gleich viel freier.

Im ständigen Kampf gegen die kleinlichen Beschränkungen, die einem tagtäglich widerfahren, ist mir meine Schnecke nicht nur billige Illusion, sondern echtes Symbol, Lebenszeichen eben. Sie liegt bereit – ich muss sie nur nehmen und ans Ohr halten, um die große Welt, die unendliche Weite in der hohlen Hand und gewaltiges Brausen in einem winzigen Hohlraum einzufangen.

All jenen, die gefangen sind in sich selbst und/oder leiden an der Beschränktheit ihrer Umgebung und an der Enge von Gesellschaftszwängen, wünsche ich eine solche Schnecke!

Der Bergkristall

Auf meinem Schreibtisch steht ein Bergkristall. Das besonders schöne Stück, gänzlich farblos, ohne jede Unreinheit, habe ich mir von einem Urlaub im Salzburgischen mitgenommen, weil ich seine Klarheit und die ebenmäßige Form so edel fand.

An einem schönen Sommertag waren einige meiner Enkelkinder zu Besuch. Mit Lego-Figuren, Zweigen, Rinde und Blättern spielten sie im Garten „kleine Welt". Den Kristall durften sie sich leihen, weil sie ihn als Gebirge brauchten. Vorsichtig trugen sie ihn an die Sonne und stellten ihn mitten in ihre Landschaft. Dort funkelte er so prächtig, dass sie fanden, ein Gebirge sei das nicht, eher ein Kristallpalast. „So prächtig rot!", rief eines, „Aber nein, grün!", das andere, einer sah orange und einer blau. „Ein Regenbogenpalast", erfand die kleine Teresa. Paul ist etwas älter und geht den Dingen gern auf den Grund: „Welche Farbe hat er wirklich – und warum hat er im Zimmer gar keine Farbe?", war sein Problem.

In der Schule – vor Jahren gehörte es zu meinem Job, Physik zu unterrichten – wäre diese Frage eine tolle Einleitung gewesen, Brechung und Farbzerlegung des weißen Lichts nach den Gesetzen der Optik zu erklären. Nun war das etwas schwieriger.

„Tatsächlich; der Kristall hat selbst gar keine Farbe, die bekommt er von der Sonne. In ihrem Licht sind alle Farben verborgen; mit ihren Strahlen schickt sie sie in den Kristall hinein. Und je nachdem, von welcher Seite du ihn dann anschaust, siehst du ihn in der einen oder der anderen Farbe leuchten. Von allen Seiten zugleich betrachten können wir kein Ding!"

Diese Erfahrung hat auch mich sehr bescheiden werden lassen. Jedes Mal seither, wenn ich den Kristall anschaue, wird mir das Stückwerk menschlicher Erkenntnis bewusst – und die Hoffnung, dass sich das Bruchstückhafte in den Strahlen der ewigen Sonne zu einem runden Ganzen fügen wird; dann, wenn „wir ihn von Angesicht zu Angesicht schauen" werden, wie es der Apostel Paulus ausdrückt.

Der Donaukiesel

Ein wenig belächelt werde ich immer wieder wegen meiner Gewohnheit, von überallher einen besonderen Stein mitzunehmen. Meine Sammlung ist ansehnlich gewachsen, wenn auch nach ganz anderen als mineralogischen Gesichtspunkten zusammengetragen. Dem strengen Blick eines Fachmanns hält dieses Sammelsurium nicht stand.

Und neben meinem Prachtstück, dem Salzburger Bergkristall, nimmt sich ein graubrauner Donaukiesel geradezu ärmlich aus.

Das Besondere an ihm: Er hat viele Gesichter – je nach meiner eigenen Verfassung blickt mich eines oder ein anderes an, wenn ich ihn in meiner Hand hin- und herdrehe.

Dabei ist er so unscheinbar und bescheiden, dass ich selbst gar nicht auf seine Vielseitigkeit aufmerksam geworden wäre. Auf einem Wandertag durch die Donauauen machte ich mit meiner Klasse an einem Kiesstrand Rast: Einige waren Meister im „Platteln": Sie ließen flache Steine über die Wasseroberfläche springen und brachten es bis zu fünf Sprüngen in einem Wurf! Andere begnügten sich mit dem Sammeln bizarr geformter oder wunderlich gezeichneter Kiesel. Müde geworden erfanden sie ein neues Spiel: „Wem gleicht der Stein? Was stellt er dar?"

Tatsächlich ist Namen geben so etwas wie ein Schöpfungsakt. Mit dem Benennen können wir toter Materie Leben einhauchen. Besonders bei einem Stein überboten sie sich an widersprüchlichen Deutungen: „Schau, das alte Monster!", sagte einer, eine Zweite nahm ihm den Stein aus der Hand und drehte ihn ein wenig: „Sieh doch den glatzigen

Opa, wie freundlich der lacht!" – „Also, alt ist der nicht, er hat ja gar keine Runzeln – ich glaub, das ist ein Baby, das noch keine Haare hat!" – Diesen Stein haben sie mir am Abend beim Abschied geschenkt.
Er bewahrt mich heute noch davor, vorschnell zu urteilen, ohne genau hingesehen zu haben.
Wenn man eine Sache von mehreren Seiten betrachtet, können sich erstaunliche Perspektiven eröffnen. So geht es mir auch mit Menschen: Erst wenn ich mich auf jemanden richtig einlasse, entdecke ich immer neue Seiten an ihm.

Der Spatz
Ein Prunkstück meiner Lebenszeichen-Sammlung ist ein grauer Spatz aus Murano. Das Glasvöglein plustert sich fast zur Kugel und hat doch kein gesträubtes Gefieder. Nein, es fühlt sich glatt und kühl an: Aber unter der glatten Oberfläche ist es ganz lebendig! An ihm habe ich gemerkt, dass grau gar nicht fade und eintönig sein muss! Sein angedeutetes Gefieder besteht aus zarten Linien – gerade, gekrümmt, geschwungen, langgezogen, hingestrichelt –, und das in allen Schattierungen zwischen schwarz und weiß.
Wie sehr mir der Spatz ans Herz gewachsen war, merkte ich erst, als er ausgeflogen war!
Ja, zu meinen Erinnerungsstücken gehört er immer noch und zu meinen Lebenszeichen erst recht, aber er steht jetzt zwischen fremden Dingen weit von hier.
Und das kam so: Eine meiner guten Freundinnen war damals sehr traurig und recht einsam. Mit Worten vermochte ich sie nicht zu trösten und immer um sie sein konnte ich schon gar nicht. Da schenkte ich ihr meinen Spatz. Und gerade, weil ich ihn so mochte und heute noch so sehr mag, hat sie damit immer ein wenig von mir um sich. Und das gibt ihr Freude und war ihr in jenen schweren Tagen ein Trost.

Und für mich? – Ich schicke meine Gedanken manchmal zu meiner Freundin und zu unserem Vogerl auf die Reise. – Für mich ist das ein ganz starkes Zeichen unserer Beziehung, die uns beiden Mut und Kraft gibt – ein Zeichen für Beziehung überhaupt, wie wir Menschen sie brauchen, wenn unser Leben glücken soll.

Der Apfel

Beim Kramen in Erinnerungsstücken bin ich nachdenklich geworden: ein Bergkristall und ein Flusskiesel, eine Schnekke aus dem Meer und ein Vogel aus Glas: Ich begreife ein Stück Leben im Schauen und im Angreifen.

Das Windspiel in meinem Garten: Das Hinhören hilft mir verstehen.

Lebenszeichen bleiben mir diese Dinge auch dann noch, wenn sie nicht mehr in meinem Besitz sind: wie der Glasvogel, der mir längst entflogen ist zu einem lieben Menschen.

Ein solches Zeichen war sogar schon von Beginn an auf Vergänglichkeit ausgerichtet. Vielleicht habe ich es mir gerade deshalb umso nachhaltiger einverleibt – und das im realen Sinn des Wortes: Dabei handelt es sich nämlich schlicht um einen goldgelben Apfel.

Es war auf der Nachtfähre bei der Überquerung des Golfs von Akaba. Mit meinem Mann und mir zugleich fuhr eine Gruppe von Frauen und Männern heim nach Ägypten. Sie waren – rechtzeitig vor Beginn des Ramadan – auf der Rückkehr von der Haddsch aus Mekka.

Ein junger Ingenieur aus Kairo bemühte sich, mit uns ins Gespräch zu kommen. Wer er sei, erzählte er, was er hinter sich habe und dass er sich auf Arbeit und Familie freue. Auch uns fragte er – in aller höflichen Zurückhaltung – nach dem Woher und Wohin. Und wie wir in seinem Land zurechtgekommen seien und ob es uns gefalle.

Und plötzlich holte er diesen wunderschönen Apfel aus seiner Tasche: „Nehmen Sie ihn bitte, es ist ein Apfel aus Mekka." Ich konnte ermessen, was ihm das bedeutete!
Gastfreundschaft ist Muslimen heilig – dieses Gastgeschenk war es auch mir. Der Apfel schmeckte vorzüglich, nicht zuletzt wegen der Liebenswürdigkeit seines Spenders.
Menschen zu finden, denen Symbole heilig sind – wie auch wir unsere heiligen Zeichen haben, wenn auch ganz andere –, kann Beziehung schaffen; mehr noch, das ist Frieden stiftend, nicht nur zwischen Einzelnen, sondern vielleicht auch zwischen Völkern und Religionen.
Dafür ist mir dieser Apfel ein Unterpfand – ein Lebenszeichen.

„Gedanken für den Tag", Ö1, 4.–9. März 2002

Schatzplätze - Rastplätze

Vitrine der Kostbarkeiten

Es gibt Orte, die man ihrer Großartigkeit oder ihrer Berühmtheit wegen von weit her aufsucht und tief beeindruckt im Gedächtnis behält: den Petersplatz in Rom, das Schloss Versailles, den Tadsch Mahal, die Niagarafälle, ... Für jeden gibt es aber auch ganz spezielle Plätze, die durch ein Erlebnis, durch einen besonderen Bezug zu einem nahestehenden Menschen ein Schatz werden. Im Rückblick erlebt man sie oft geradezu als Rastplätze für die Seele in der Hektik des Alltags, wohltuend und Heil stiftend.

Auch ich bewahre solche Schätze. Manche meiner Schatzplätze habe ich schon aus meiner Kindheit mitgenommen, sie sind alle eher unscheinbar. Mir aber ermöglichen sie Rückkehr und Rast in der Erinnerung – auch dort, wo sich inzwischen fast alles verändert hat.

Ein ganz großer Schatz in meinem Elternhaus war die Vitrine in unserem Speisezimmer mit ihren sehr fragilen Kostbarkeiten. Und weil es uns Kindern verboten war, Dinge aus ihr zu entnehmen – wir hätten etwas zerbrechen können –, gerade deshalb übte sie eine besondere Anziehungskraft auf mich aus. Sobald ich gewahr wurde, dass meine Mutter die Glastüren öffnete, war ich an ihrer Seite – nicht, um etwas besser ansehen oder gar in Händen halten zu können; oh nein, im Gegenteil – ich schloss die Augen, denn da lenkte mich nichts mehr von dem wunderbaren Duft ab, der ihr entströmte: nach Sandelholz und Rosenblüten ... Ich stand da und fühlte mich wie eine Prinzessin im Märchenland.

Älter geworden habe ich selbst oft etwas aus der Vitrine geholt; bevor ich danach griff, habe ich immer einen Augenblick lang die Augen zugemacht und den Duft eingesogen; und später, als ich nur mehr auf Besuch „heimkam“, machte ich oft einen Sprung ins Speisezimmer und öffnete die Tür der Vitrine, die Türe zu meiner Kindheit. So habe ich mir den Duft bewahrt ... Wo immer ich Ähnliches schnuppere, hat meine Seele einen Rastplatz gefunden, egal, wohin in der Welt es mich gerade verschlagen hat.

Geborgte Geborgenheit

Rastplätze können Schatzplätze werden; im Moment, da man sie nötig hat, ebenso wie für alle Zukunft als Schatz der Erinnerung, Rast bietend den aufgescheuchten Gedanken und einem hektischen Gemüt. Keiner behaupte, dass nur viel beschäftigte Erwachsene solcher Rast- und Schatzplätze bedürfen. Kinder brauchen sie ebenso – und traurig ist es um eine Welt bestellt, die sie ihnen nicht mehr bieten kann! Das breite Doppelbett meiner Großmutter mit seiner großen, bauschigen Tuchent war für mich als Dreijährige ein solcher Schatzplatz. Wenn ich bei ihr übernachten durfte, kuschelte ich mich an sie und unter die Tuchent und horchte und schaute .... und phantasierte mir meine eigene Gutenachtgeschichte: Die gedämpften Geräusche, die von der Straße hereindrangen, das Auf- und Abschwellen des Lärms der vorbeifahrenden Straßenbahn, das war die Untermalung zu den grotesken Schattenbildern, die sich an der Wand gegenüber den Fenstern zur Straße vorbeibewegten, wenn sich das Licht aus den Waggons mit der Straßenbeleuchtung mischte und die Schatten der Zweige im Vorgarten ins Unermessliche vergrößert und in immer neuen Verzerrungen vorbeizogen.
Ach, war das schaurig-schön, wenn ich mir dazu die abenteuerlichsten Geschichten ausmalen konnte, mit den Schattenfiguren kämpfen und sie besiegen ... um dann, wenn die eigene Courage mir schon fast zu viel Angst eingejagt hatte, den ganzen Spuk zu beschließen, indem ich mir einfach die Tuchent über den Kopf zog. Dann hörte und sah ich nichts

mehr; ich spürte die Großmutter neben mir, ihre weichen Arme, ihren warmen Atem – und war geborgen; so ganz und gar gut aufgehoben, dass auch kein böser Traum mich quälte. Noch heute weiß ich, dass ich eine solche Geborgenheit brauche: in meinen vier Wänden, bei einem lieben Menschen, ruhend in mir selbst, wenn ich das vermag, vertrauend auf Gott, wenn es mir gegeben ist. Dann können Stress und Probleme, Sorgen und Angst mich letztendlich nicht überwältigen.

Laternenlicht

„Ich bin ein Kind der Stadt", sagt Anton Wildgans von sich und stellt fest: „Die Leute meinen, und spotten leichthin über unsereinen, dass solch ein Stadtkind keine Heimat hat." Doch seine Heimat Wien birgt Kostbarkeiten für ihn, Rastplätze für seine Erinnerung: „Da kann es sein, dass eine Straßenkrümmung, die noch wie damals ist, geweihte Stimmung in mir erblühen macht wie ein Gebet."

Auch ich bin ein Kind dieser Stadt. Einer meiner Rastplätze ist die Bank unter einer Laterne in Sievering. Auf ihr saß ich oft als Kind mit meinen Eltern. Nach Sonntagsausflügen in den Wienerwald ruhten wir uns dort aus und ließen die Dämmerung sanft über uns hereinbrechen.

Ich war dabei immer in einem Zustand wachsender Erwartung. Gespannt blickte ich stadteinwärts: Endlich kam er die Straße herauf; schon von ferne erkannte ich ihn an seiner langen Stange – den Laternenanzünder.

Für mich war er ein Zauberkünstler. Mit angehaltenem Atem verfolgte ich, wie er geschickt die Stange unter den Glaszylinder schob; dann sah ich blaue Flämmchen im Kreis tanzen – und dann ging das Licht an – ja, für mich ging es auf. So plötzlich war die Bank in sanftes Licht getaucht, dass ich jedes Mal von Neuem überrascht war. Kein Zweifel, es war der Höhepunkt des Sonntags!

Der Bank wurde längst ein modernes Outfit verpasst und die Gaslaterne wurde wie alle in der langen Straße elektrifiziert. Der Laternenanzünder ist überflüssig geworden, die Magie ist ferngesteuerter Zweckdienlichkeit gewichen. Trotzdem: Wenn ich einmal in der Gegend bin, ruhe ich dort Körper und Seele aus.

Die Bank war und bleibt mein Schatzplatz, denn hier wurde mir eine mit dem Verstand nicht begründbare hoffnungsvolle Gewissheit geschenkt: Dann, wenn es um mich dunkel wird, ist einer da, der alles in Licht tauchen kann.

Ruinen neu entdeckt

Einige Kriegssommer verbrachten wir Kinder mit unserer Mutter bei Freunden in Bad Prodersdorf im Burgenland. Im verwilderten Park des aufgelassenen Schwefelbades tobten wir uns aus, und wenn eines von uns dabei gelegentlich in die Quelle fiel, zog das auch nichts nach sich außer nachhaltig haftendem Gestank. In der weiteren Umgebung gab es für uns Kinder ein besonders attraktives Ziel: das Pfefferbüchsel, die Ruine eines ehemaligen Pulverturms. Sie zu erforschen hatte den Beigeschmack des großen Abenteuers, das jede Anstrengung des langen Anmarsches lohnte. Für die Erwachsenen ein willkommener Rastplatz, war es für die Kinder ein echter Schatzplatz. Bei der Schatzsuche war jede Müdigkeit verflogen. Dass wir nie etwas Besonderes fanden, entmutigte uns keineswegs. Es war ein Ansporn, das nächste Mal weiterzuforschen.

In der Rückerinnerung an die bitteren Kriegsjahre ist mir das Pfefferbüchsel Rastplatz geblieben – wenn auch nicht mehr für müde Kinderbeine, so doch für die geplagte Psyche der erwachsenen Frau. So wurde der Wunsch in mir immer größer, es wieder aufzusuchen; vielleicht, um Kindheitsphantasien aufleben zu lassen, oder um ihnen einen realen Schlusspunkt zu setzen. Darüber gab ich mir nicht so

genau Rechenschaft. Also begab ich mich auf die Reise: Und siehe da, vom alten Bad aus war es zum Pfefferbüchsel nur ein Katzensprung. Die Ruine war noch mehr verfallen und schien mir auch geschrumpft – oder maß ich ihre Größe jetzt einfach in anderen Relationen?
Eine kleine Enttäuschung beschlich mich ... ein Schatz war mir abhandengekommen. Allerdings bin ich seither um eine Erkenntnis reicher: Wie vieles im Leben scheint groß und übermächtig, wenn man drinnen steckt – und schrumpft erst im Rückblick auf seine wahre Dimension.

Alte Erinnerungen
Das Heimkehrerkreuz war ein beliebtes Ziel für kurze Wanderungen, wie sie unsere kleinen Kinder von unserem Urlaubsort im Strudengau aus gerade schafften. Der Aufstieg wurde durch eine herrliche Aussicht auf das Donautal belohnt. Während die Kinder Rindenstückchen und Eicheln sammelten, sahen wir von einer der Holzbänke nach Schiffen aus und bewunderten den in der Sonne glitzernden Strom, wie er sich in Mäandern durch die Landschaft windet. Inzwischen sind unsere Kinder erwachsen und haben selbst Familie. Als es vor einiger Zeit ein Fest zu feiern galt, hatte jemand eine blendende Idee: „Wir wandern gemeinsam zum Heimkehrerkreuz. Da können die Großeltern mit den Kindern Rindenstückchen und Eicheln sammeln und die Eltern ruhen sich auf den Bankerln aus ... und alle bewundern die schöne Aussicht."
Der Plan fand Zustimmung, und so machten wir uns eines Sonntags nach längerer Anfahrt auf den Weg. Den fanden wir nur etwas mühsam, denn der natürliche Waldwuchs hatte ihm zum Teil einen anderen Verlauf aufgezwungen. Aber mit Orientierungssinn und in gemeinsamer Erinnerung schafften wir es. Am Ziel aber war im ersten Augenblick die Enttäuschung groß: Nicht nur wir, auch die Bäu-

me waren 25 Jahre älter geworden und ganz mächtig gewachsen. Niemand hatte sie beschnitten, und so war die prachtvolle Aussicht dahin!
Großeltern und Eltern trauerten noch um den verlorenen Erinnerungsschatz, da hatten die Kinder einen hohlen Baum entdeckt, den sie mit Jubel in Besitz nahmen: hinein ins Loch und hinauf in die Krone! Aus Zweigen und Laub wurde ein Dach impróvisiert; so gab es ein Baumhaus zu ebener Erde und im ersten Stock. Das war viel mehr, als sie von dem Ausflug erwartet hatten – und der Tag blieb lange in Erinnerung als Erlebnis der Sonderklasse! Manchmal entsprechen Schatzplätze nicht mehr unseren Erwartungen; aber enttäuschen kann einen das nur, wenn man neue, verborgene Schätze nicht zu entdecken und zu heben versteht.

Aus-Wege

Tristesse drinnen und draußen – solche Zeiten gibt es immer wieder: das Wetter feucht, der Wind scharf und kalt, die eigene Stimmung unter dem Nullpunkt – eine verwundete Seele, die im Nebel keinen Ankerplatz findet ... An einem solchen Tag kämpfte ich mich unter einem grauschwarz verhangenen Himmel gegen Wind und Nieselregen die Lände entlang. Das Pflaster war glitschig, vom Donaukanal stiegen Nebelschwaden auf, und die feuchte Kälte drang von allen Seiten auf mich ein und kroch mir bis in die Seele ... in die Seele, die sich ohnehin schon auf dem Rückzug ins Bodenlose befand und nicht mehr kämpfen konnte und in den Verstand, dem keine Strategie gegen die Unbill des Schicksals einfallen wollte. Sterbensmüde fühlte ich mich, meine Glieder schmerzten ebenso wie meine zwanghaften Grübeleien. Ich bog in eine Seitengasse ab, und da geschah plötzlich etwas Unvorhergesehenes: Ein Sonnenstrahl zerriss die Wolken und verwandelte den schwarz-nass glänzenden Asphalt schlagartig in gleißendes Gold. Und

seltsam: Ich war allein in der Gasse und hatte das Gefühl, dieses Schauspiel hätte die Natur extra für mich bereitet. Irgendwo tief in meinem Inneren brachte das eine Saite zum Klingen ...
Ebenso schlagartig wie der Sonnenstrahl den Asphalt getroffen hatte, erfüllte mich wieder Zuversicht. Langsam konnte ich Mut schöpfen, nach einem Ausweg aus dem Dilemma zu suchen und Kraft zu finden für die nächsten Schritte.
Über all die Jahre hinweg habe ich mir die Stelle dieser Erleuchtung im doppelten Sinn gemerkt. Und wenn es mir sehr dreckig geht, suche ich vielleicht meinen seelischen Rastplatz auf; das ist er geblieben – ob vergoldet oder nicht.
Unlängst hielt mich eine Freundin für nicht ganz bei Trost, denn in einer restlos verfahrenen Situation entschlüpfte mir ein Stoßseufzer: „Ich muss mal wieder in die Glasergasse!" Aber das konnte sie nicht verstehen!

„Gedanken für den Tag", Ö1, 21. März – 5. April 2003

Oh, du lieber Gott!

Im Rückblick auf den ungeheuren Wandel, der sich innerhalb der letzten beiden Generationen abgespielt hat, scheint mir eine soziologisch eher unbeachtete Facette von großer Bedeutung: der Wandel im Gottesbild. Das Bild des gestrengen Richters, der zwar das Gute belohnt, aber vor allem das Böse bestraft, ein Bild, das Höllenängste übermächtig werden ließ, das Skrupulanten erzog statt freier Menschen und erlöster Christen, der als Obererzieher und Superpolizist missbrauchte Gott ist heute aus Andachtsbüchern und Gehirnen verschwunden – und man kann gar nicht froh genug darüber sein!

Dennoch, auch die extreme Kehrseite – und die scheint mir eine typisch wienerische Note zu haben – ist mehr als bedenklich: Die Verniedlichung Gottes und des gesamten sakralen Umfelds scheint mir einer Unbrauchbarmachung, ja, einer Vernichtung des Göttlichen in unserem Leben gleich- oder zumindest nahezukommen.

Aus unserem Vater im Himmel wurde der gute Himmelvater (der steinalte Mann mit weißem Bart), unser Vertrauen in den uns bedingungslos liebenden Gott erschüttern wir selbst im steten Ausruf „O du lieber Gott“, mit unseren bevorzugten Heiligen betreiben wir Handel („Zwei Kerzen bekommst du, wenn du mir ...“), und die himmlischen Heerscharen dienen ab November zur geschäftsfördernden Weihnachtsdekoration oder zur Prägung des „Wiener Heurigen-Images“ für Touristen („Heut’ kommen d’Engerln auf Urlaub nach Wien“).

So oder so instrumentalisieren wir Gott, machen ihn sozusagen klein, um seiner habhaft zu werden – und sind verunsichert, wenn er sich uns entzieht. Die Tragik dabei: Wir selbst sind es, die unseren Glauben erschüttern. Die Erfah-

rung „Ich kann nicht mehr glauben“ ist bei einem solchen Gottesbild nur folgerichtig!
Gott sagt uns zu: „Ich bin der Ich-bin-da!“ Begnügen wir uns mit dieser tröstlichen Verheißung, lassen wir es zu, dass er dabei immer der für uns Unbegreifliche bleiben wird – wir können ihn nicht in menschliche Schranken weisen und so klein machen, dass er in unser Gehirn passt. Ein „handlicher“ Gott ist nämlich kein Gott.
Das Paradoxe dabei: Nur in seiner Unbegreiflichkeit ist er der, der uns umfängt und uns birgt „im Schatten seiner Flügel“, wie der Psalmist in einem schönen Bild es besingt.

Aus: „Quergedacht“, *Wiener Kirchenzeitung*, Juli 2004

Alter und Älterwerden

Im Herbst des Lebens

Horizonte

„Als mein Leben noch jung war, da glich es einer Blüte: Wenn der Frühlingswind bettelnd an ihre Tür kommt, löst sie willig ein paar Blätter von ihrem Überfluss, ohne den Verlust zu spüren. Nun, da die Jugend zu Ende, ist mein Leben wie eine Frucht, die nichts von sich übrig hat und wartet, um sich ganz hinzugeben mit der vollen Last ihrer Süße."

Diese Verse des indischen Philosophen Rabindranath Tagore kamen mir in den Sinn, als ich vor einigen Wochen an einem prachtvollen Altweibersommertag über Land fuhr. Selbst im Lebensherbst – als „Jungpensionistin" im Altweibersommer –, konnte ich das gemächlich tun und die satten Farben der Jahreszeit in ihrer ganzen Fülle genießen. Die Landstraße zog sich zwischen Feldern und durch Buschwald in scheinbar endloser Weite. Doch mit einem Mal – ich näherte mich einer Stadt – bekam die Landschaft einen begrenzten Horizont, ein interessantes Profil. Und das machte neugierig auf das, was bald auftauchen würde!

So ist es wohl auch mit meiner Zeit: Der Pendelschlag, der sie misst, hat sich verändert. War er früher schnell und fordernd, sodass ich mich vielen Zwängen unterordnen musste, so wird er jetzt gemächlicher, ich lausche dem Pendel nach und gebrauche die Zeit nach meinen Bedürfnissen. Freilich gerate ich zunehmend an Grenzen; an Grenzen meiner Belastbarkeit, meiner Kraft, meiner Ausdauer. Und auch meine Lebenszeit – in der Jugend schien sie mir unbegrenzt – hat ihren Horizont bekommen.

Und doch: Ist es nicht gerade auch der begrenzte Horizont, der die Landschaft wie das Leben spannend macht, der die Vielfalt, die satten Farben und manch reife Frucht erst rich-

tig zur Geltung bringt? Die deutlicher werdende Skyline der Stadt soll mir nicht Angst machen – das würde die Freude an der herbstlichen Fahrt lähmen –, aber sie macht mich neugierig, was um mich ist genauer und was vor mir ist neu zu entdecken.
Diese Neugier möchte ich mir noch lange bewahren.

Schattierungen
Auf dem Heimweg habe ich mich verspätet. Es wird schon zeitig finster um diese Jahreszeit. Aber das allein kann es wohl nicht sein: Diese Empfindung von Stockdunkelheit hatte ich früher nie. Ich sinniere über mögliche Ursachen in der Umwelt. Da wird's mir schlagartig klar: Es liegt an mir! Meine Sehkraft nimmt mit dem Alter langsam ab. Der Arzt sagte es mir schon: Die Linse trübt sich zusehends – und das wird besonders bei Dunkelheit merkbar. Wenn Farben nicht mehr auszunehmen sind, geben die Grautöne das Bild, und die kann ich nicht mehr unterscheiden.
Das deprimiert mich. Noch dazu, wo ich an mir auch andere Reduktionen merke, des Gedächtnisses vor allem – das ist besonders peinlich. Auch mit der Gesundheit ist das so eine Sache: Ernsthaft krank bin ich nicht, aber die Wehwehchen! Früher kamen und gingen sie; jetzt kommen sie und bleiben. „Ich bin nichts mehr wert", sagte meine Großmutter immer, da war sie allerdings um einiges älter, als ich es jetzt bin. Auch mein Selbstwertgefühl ist ramponiert.
Meine Gedanken kehren wieder zu den Grautönen zurück. Nicht mit den Augen, aber durch die Erfahrung mit Menschen, mit Beziehungen bin ich sensibler geworden für Schattierungen. Was ich früher wie einen Holzschnitt gesehen und auch beurteilt habe – nur gegensätzlich schwarzweiß –, das nehme ich jetzt wahr mit vielerlei Schattierungen, wie auf einem guten Kupferstich.
Mit der Lebenserfahrung nimmt mein Urteilsvermögen für

Zusammenhänge zu, mit der Erinnerung daran, was alles gut vorbeiging, die Gelassenheit ... Habe ich mir also doch nicht nur „Altersweitsichtigkeit" zugelegt, sondern auch einen gewissen Weitblick gewonnen? Mein Selbstbewusstsein nährt sich nicht mehr aus Jugend, Gesundheit und Stärke der Sinne und des Verstandes, aber es kann sich aus solch neuen Quellen speisen.
Inzwischen bin ich den dunklen Weg weitergegangen. Die Lichter der nächtlichen Stadt blitzen auf: erleuchtete Fenster, Straßenlaternen, ... Wie schön das ist in der Finsternis! Früher, als ich Finsternis so noch nicht erlebte, habe ich auch das nicht bemerkt.

Weisheit
Die Chinesen haben ein Sprichwort: „Weise wird auch der Kluge erst im Alter." Das hat viel Wahres an sich: Klugheit kann man sich schon in jungen Jahren erwerben; Altersweisheit hingegen schöpft man aus den guten und schlechten Erfahrungen eines langen Lebens. Allerdings scheint mir Weisheit in jedem Fall ein mühsam erworbenes Gut – und man bekommt sie weder durch Herkunft noch durch Intelligenz und Bildung noch mit dem Alter geschenkt. Dazu fällt mir eine Parabel ein:
Des Abends trafen sich die Alten des Fleckens auf dem Marktplatz zwischen Kirche und Rathaus, um beim Schwatz den Tag ausklingen zu lassen. Eines schönen Tages gesellte sich ein durchreisender Fremder zu ihnen und wollte erfahren, wie es so zugehe bei ihnen. Ein altes Weiblein hob geschwätzig an, zu erzählen: „Ich habe nur mich zu versorgen und viel Zeit. Die verbrächte ich gern am Fenster, aber was muss ich da mit anhören und sehen, sodass mir die Lust vergeht: Die Kinder schreien und die Alten zanken sich. Die Tauben verdrecken die Sitzbänke und die Hunde den Rasen. Die Rossknödel stinken zum Himmel!" „Ach",

fiel eine andere ein, „da geht's mir besser. Wenn ich mich zum Fenster hinauslehne, höre ich die Vögel zwitschern, ich freue mich an den munteren Kinderspielen und mit manchem Liebespaar, das eng aneinandergeschmiegt auf der Bank unter dem Baum gegenüber sitzt. Wenn einer gemächlich daherkommt, kann es sogar sein, dass er mir zulacht." „So verschieden kann es im selben Ort zugehen", dachte der Fremde und wollte wissen, wo denn die beiden wohnten. „Dort drüben", deutete da ein Bursche auf eines der Häuser an der anderen Seite des Platzes, „dort schauen sie den ganzen Tag nebeneinander aus den beiden Fenstern."

Weisheit im Alter – was ist das also? Jedenfalls hat sie viel zu tun mit verwerteter Erfahrung und vertieftem Urteilsvermögen, mit Gelassenheit und Toleranz, mit Offenheit für andere und Akzeptanz der eigenen Grenzen. Ein bekannter Altersforscher sagt: „Reife ist, zu wissen, was man nicht wissen will und nicht zu wissen braucht." Solche Weisheit jedenfalls prägt persönlichen Stil und Originalität. Weise Menschen sind unverwechselbar und meist auch glücklich.

Abschied

Etwa 250 Jahre vor Christi Geburt schreibt Kohelet, der sich selbst „König in Jerusalem" nennt und von manchen als Prophet bezeichnet wird:

„Alles hat seine Stunde.
Für jedes Geschehen unter dem Himmel gibt es eine bestimmte Zeit:
eine Zeit zum Gebären und eine Zeit zum Sterben,
eine Zeit zum Pflanzen und eine Zeit zum Ernten, [...]
eine Zeit zum Suchen und eine Zeit zum Verlieren,
eine Zeit zum Behalten und eine Zeit zum Wegwerfen, [...]
eine Zeit zum Umarmen und eine Zeit, die Umarmung zu lösen [...]."

Alt werden, das ist die Zeit zum Verlieren, die Zeit, die Umarmung zu lösen, mit einem Wort, die Zeit der Abschiede: des Abschieds von der eigenen Jugend, von Gesundheit vielleicht, des Abschieds vom Berufsleben, möglicherweise von gewohnter Umgebung, des Abschieds von nahestehenden Menschen, von Freunden, vielleicht vom Lebenspartner.

Abschied nehmen will gelernt sein und muss vorbereitet werden.

Nur wovon man bewusst Abschied nimmt, das geht nicht endgültig verloren, das kann man bewahren im Herzen – so wie Bilder im Album und Töne auf Kassetten.

Aber es ist zu wenig, „wovon" Abschied zu nehmen – so bleibt die große Leere als schwarzes Loch, in das die Seele zu stürzen droht.

Notwendig und Not wendend ist die Frage, „wofür" ich Abschied nehme und „wohin" es nun weitergeht. Finde ich Antwort darauf – und dafür ist oft verstehende Hilfe anderer nötig –, dann ist dies vielleicht schon neue Verheißung.

Nestflucht

Beim Säubern der Dachrinne vom Herbstlaub ist mir ein leeres Vogelnest in die Hände gefallen. Was mag aus den Piepmätzen vom Frühjahr wohl geworden sein? Sind sie nun weit im Süden, in der Wärme? Da stehe ich und sinniere. Auch in unserer Familie ist das Nest schon lange leer. Die Zeit vergeht – scheinbar immer schneller. Als wir den Siebziger meines Mannes feierten, war große Freude und Dankbarkeit in mir.

Eher ein Schock war es für mich, dass unsere älteste Tochter zur selben Zeit vierzig Jahre alt wurde! Unsere älteste Enkelin ist mit ihren sechzehn Jahren auch schon bald erwachsen.

Unsere Kinder stehen gottlob alle fest auf ihren Beinen und

leben ihr eigenes Leben. Wenn sie uns daran teilhaben lassen – an ihren Problemen, an ihren Erfolgen –, dann freuen wir uns sehr. Und doch: Aus dem hilfreichen Zur-Seite-Stehen, als sie noch Kinder waren, wurde mehr und mehr ein recht ohnmächtiges Daneben-Stehen; das kann schon schmerzen!

Allerdings: Auch für die Heranwachsenden ist dieser Ablösungsprozess oft schmerzlich. Und: Ein solcher Prozess tut dann besonders weh, wenn man meint, ihn lediglich erdulden zu müssen. Jedoch, er ist gestaltbar.

In meine Gedanken versunken halte ich noch immer das leere Nest in Händen – wie eine Schale. Eine Schale muss leer sein, um wieder gefüllt werden zu können. Was ist der neue Inhalt meiner Schale, der neue Inhalt, den wir unserem Eltern-Sein geben können? Eine partnerschaftliche, freundschaftliche Beziehung zu unseren Kindern, eine Weltsicht, die sie uns lehren; und schließlich die Zuwendung unserer Enkelkinder, die eine so ganz andere ist als die unserer Kinder – früher und jetzt: eine ganz neue und sehr beglückende Erfahrung!

Erwartung

„Die Mitte der Nacht ist der Anfang des Tages,
die Mitte der Not ist der Anfang des Lichts!"

So besingt ein uralter Hymnus Nacht und Not; besingt so die Dunkelheit der Jahreszeit und des Tages, die Unerforschlichkeit des Weltgeschehens und menschlichen Schicksals wie auch persönliche Nacht und Not. Was mich besonders ergreift – denn auch ich gehe dem Lebensabend, vielleicht auch Nacht und Not entgegen–: Dies wird nicht beklagt, es wird besungen! Es wird einsichtig: Der Anfang des Tages bedingt die Nacht davor; des Anfangs des Lichts werden wir am deutlichsten aus der Not gewahr!

Ist nicht gerade die Erwartung der Umkehr bis ins Gegen-

sätzliche das Faszinierende? Unter dem Winterschnee beginnt die Saat zu keimen, im nächtlichen Schlaf sammelt der Mensch Kräfte, um den Tag zu bestehen.
Der Advent etwa ist voll von Erwartung der Umkehr – und voll von Verheißung des neuen Anfangs. Was denn könnte das stärker ausdrücken als die Ankunft eines Kindes? Kinder sind Anfang schlechthin – offen und ohne Vorurteile, voll Hoffnung und voll Vertrauen in die Zukunft. Wie viel können wir „Großen" von Kindern lernen!
Überhaupt, wo sind für ältere Menschen die Perspektiven der Umkehr, des Neuanfangs?
Was ich ein Leben lang – oft leidvoll – erfahren habe, kann ich nun verwerten: Ich habe gelernt, eigene Erfahrungen in allgemeine Zusammenhänge einfließen zu lassen, Sicherheit im Urteil lässt mich sogar Widersprüchliches verbinden, Offenheit gegenüber neuen Erfahrungen erlaubt mir auch, frühere Urteile zurückzunehmen und meine Meinung zu ändern. Das gibt mir Kreativität und macht meine ureigene Persönlichkeit aus. Das hält mich lebendig. Mehr noch: Das macht mein Leben immer neu.
Dass auch nach diesem Leben noch Neues auf mich wartet, lässt mich mein christlicher Glaube hoffen; das verheißt mir die Ankunft des Christuskindes!

„Gedanken für den Tag", Ö1, 23.–28. November 1998

Vergangenheit deuten lässt Zukunft wagen

Vor unserem Haus steht eine Lärche. Als kleines Bäumchen – kaum einen Meter hoch – haben mein Mann und ich sie vor rund vierzig Jahren hierher auf „unsere Wiese" verpflanzt. Ich sitze auf einer Bank und betrachte den Baum in der Nachmittagssonne. Den Stamm mit seiner knorrigen Rinde entlang schaue ich bis in den Wipfel. Weit muss ich dabei den Blick aufwärts richten, denn der Baum ist inzwischen gut fünfzehn Meter hoch geworden.

Ebenmäßig gewachsen ist unsere Lärche nicht: Zu sehr haben ihr Wetter und Sturm die Jahre hindurch zugesetzt. Hier ist ein Ast geknickt und dort einer gebrochen und verkrümmt weitergewachsen. Doch Jahr für Jahr hat ein neuer Wipfel den Sommer begrüßt.

Der Baum gefällt mir sehr. „Ich bin an ihn gewöhnt", denke ich, „ich möchte ihn gar nicht mehr missen." Ja, ich merke es erst jetzt, ich liebe unsere Lärche. Staunend frage ich mich nach dem Warum. Und plötzlich kommt mir die Einsicht: Es ist unser Baum; nicht nur, weil wir ihn gepflanzt haben, sondern vielmehr, weil er Sinnbild unseres gemeinsamen Lebens ist:

Auch in unserer Familie ging nicht immer alles glatt, war nicht immer alles vorhersehbar. Auch wir haben, wie die Lärchenrinde, unsere Kerben abbekommen – aber macht nicht auch solches unsere Beziehung einmalig und unverwechselbar?

Unsere Kinder haben sich sehr verschieden entwickelt, oft anders, als wir es für sie erdacht hätten. (Haben wir nicht daraus gelernt, dass man Zukunft nicht berechnen kann – nicht die eigene und schon gar nicht die seiner Kinder?) Ich

staune über die Vielgestalt der kräftigen Äste, ihre Stärke gibt mir die Gewissheit, dass sie noch manchen Stürmen trotzen werden, wie unsere erwachsenen Kinder, so Gott will, auch.
Unsere Lärche hat eine lange Vergangenheit – und sie wird noch weiterwachsen, festgewurzelt und stark, wie sie geworden ist. Vorhersehbar war das nicht von Anfang an. Wie bangten wir in den ersten Wintern um unser kleines Bäumchen, ob es die harten Fröste überleben und im Frühjahr wieder seine hellen Nadeln ansetzen würde. Nun erwarten wir das erste Lärchengrün jedes Jahr mit hoffnungsfroher Gewissheit.
Und jetzt wird mir die Schönheit dieser Lärche offenbar, die in ihrer Einmaligkeit liegt!
Und weil mich das Symbol in seinen Bann gezogen hat, wird mir im Rückblick so recht die Einmaligkeit meines Lebens, unserer Partnerschaft bewusst.
Vieles kommt mir in den Sinn, das dies alles wachsen ließ – wie Sonne und Regen, Hitze und Frost, Frühlings- und Herbststürme, ... Und manche Schramme, die ich mir schmerzhaft zuzog, bekommt – im Nachhinein betrachtet – im Bild der „Rinde" ihren unverzichtbaren Platz. Eine solche Rückschau macht Mut für die Zukunft – und sie macht neugierig auf das, was noch wachsen wird: an der Lärche und in meinem Leben.
Inzwischen ist es Abend geworden. Die letzten Sonnenstrahlen setzen goldene Lichter auf eine vom letzten Regen gebliebene Wasserlache zu meinen Füßen und machen ihren dunklen Grund zu einem Spiegel. Nachdenklich betrachte ich mein vom leisen Abendwind weichgezeichnetes Spiegelbild auf der Wasseroberfläche und spinne meine Gedanken fort.
Was erkenne ich in diesem Spiegelbild? Mich? In ständiger Veränderung? Dauernd in Bewegung? Jedenfalls ist dieses

Spiegelbild viel lebendiger als die, die ich von den plangeschliffenen Spiegeln, die in unserer Wohnung hängen, gewohnt bin.
Und doch: Entspricht es mir vielleicht viel mehr als alle jene? Denn mehr als die „naturgetreue" Abbildung fasziniert mich die Beweglichkeit des Bildes. Ist es nicht genau das, was ich mir gerne erhalten möchte bis ins hohe Alter: Beweglichkeit, das Zulassen-Können von Veränderung (auch wenn das viele kleine und große Abschiede bedeutet)? Das unscharfe Bild lässt vieles offen, für andere und auch für mich selbst. So genau (er)kenne ich mich eben nicht, und das ist gut so. Könnte ich nicht immer wieder Neues – Talente und Schwächen – an mir entdecken, hätte ich mit mir selbst ein sehr langweiliges Leben.
Wie sehr Spiegel das verzerren können, was man allzu gut zu kennen glaubt, das habe ich neulich im Wiener Wurstelprater mit meinen Enkelkindern erlebt. Wir waren im Spiegelkabinett, spazierten zwischen langen und breiten, zwischen konkaven, konvexen und zylindrischen Spiegeln umher und ergötzten uns: Wir sahen uns einmal klein und dick, dann wieder lang und zaundürr, mit kleinem Kopf auf rundem Bauch und schließlich ganz verkehrt herum. Die Kinder platzten vor Lachen – und ich fragte mich: „Wer und wie bin ich nun wirklich?"
Ich muss gestehen, dass ich mich das auch ohne Spiegel sehr oft frage und nur selten eine Antwort darauf habe. Also denke ich, ich muss weitersuchen, besser vielleicht nicht in Spiegeln, sondern in mir.
Vielleicht können mir auch andere dabei helfen, mich besser kennenzulernen; das geht allerdings nur, wenn ich sehr offen bin – und keine Spiegelbrillen aufsetze.
Man kennt solche aus dem Sortiment der Sonnenbrillen: Von innen kann man durchschauen und erhält ein sehr gedämpftes Bild seiner Umwelt, aber wer von außen drauf-

schaut, sieht nur sich selbst. Die Augen des Brillenträgers sind nicht erkennbar. Vor solchen Spiegeln graut mir ein wenig und – ich muss es gestehen – auch vor ihren Trägern. Ich bekomme dann das Gefühl, dass mein Gegenüber sich versteckt. Und wer sich verschanzt, isoliert sich bald.

Ich wollte mich nie isolieren, ich habe immer Beziehungen gesucht und auch erlebt, manchmal schmerzhaft, oft sehr beglückend, in jedem Fall bereichernd.

Gute Beziehungen erleichtern die Selbsterkenntnis – auch wenn das nicht immer angenehm ist. Meine heranwachsenden Kinder haben mich wie „Spiegel" begleitet. Dabei habe ich eine peinliche, heilsame Erkenntnis gewonnen: Das, was mir bei ihnen am meisten auf die Nerven ging, waren auch meine verdrängten schlechten Eigenschaften.

Eine ganz neue Entdeckung machte ich in prachtvollen, im Inneren ganz mit Spiegelmosaiken ausgekleideten Moscheen im Orient. Die sehr kleinen Spiegelsteinchen geben kein Spiegelbild mehr, aber in ihrer Gesamtheit dienen sie der Verherrlichung Gottes in unaussprechlichem Glanz. – Wer Gott verehren will, kann nicht sein eigenes Spiegelbild betrachten. Man darf auch nicht glauben, Gott in Besitz nehmen zu können, indem man ihn in einem Bild von Menschenhand eingrenzt. „Du sollst dir kein Gottesbild machen", (Gen 20,4). Darin ist der Islam besonders streng. Paulus fasst ähnliche Gedanken in die Verheißung: „Jetzt sehen wir wie in einem Spiegel, dann aber von Angesicht zu Angesicht!" Dies ist verheißene Zukunft – Tod nicht als Ende des Lebens, sondern als ein Teil dessen. Tod als Übergang.

Hilde Domin drückt es so aus:

Jeder, der geht, belehrt uns ein wenig über uns selber.
Kostbarster Unterricht an Sterbebetten.
Alle Spiegel so klar wie ein See nach großem Regen,
ehe der heutige Tag die Bilder wieder verwischt.

Serbisch-orthodoxe Christen haben einen schönen Bestattungsbrauch: Sie geleiten ihre Toten mit einem „Paradiesbaum“ zu Grabe: Der „Paradiesbaum“ wird von Frauen aus Zweigen und Ähren geflochten und mit Kerzen besteckt; in die Mitte ist ein Spiegel eingeflochten, in dem der Tote sein ganzes Leben noch einmal überschauen kann, ehe er vor Gottes Antlitz tritt.
So sind meine Gedanken von der Lärche, meinem „Lebensbaum“, zum „Paradiesbaum“ gewandert; zuerst weit in die Vergangenheit und dann in die Zukunft: in die, die ich jetzt noch erleben und gestalten darf, bis in die für einst verheißene. Es ist dunkel geworden inzwischen, und eine große Ruhe ist eingekehrt – auch in mir.

Aus: *Wort auf dem Weg,* November/Dezember 2004

Nachwort

Josef Petrik – *der Sämann*
Erinnerungen seiner Enkelin Veronika Dolna

Es war das Herz. Zwei Infarkte hatte es erlitten, durch drei Bypässe zirkulierte sein Blut. Es war alt und müde und krank. Doch gebrochen war es nicht. Auch wenn der Tod „seiner Evi" für meinen Großvater unsagbar schmerzvoll war – an gebrochenem Herzen ist er nicht gestorben. Im Gegenteil: Mit seiner Liebe hat er sein krankes Herz so lange funktionstüchtig erhalten, bis er sie in Sicherheit wusste. Das erste Mal machte sich sein Herz 1982 bemerkbar. Damals erlitt er 54-jährig, zwei Wochen nachdem er die Befürchtung laut ausgesprochen hatte und einen Tag vor der Silbernen Hochzeit, seinen ersten Herzinfarkt. Als meine Großmutter am 25. Hochzeitstag allein vor dem Altar stand, war der Schock nicht nur für die Familie und die Freunde groß. Vor allem für meinen Großvater wurde das Alarmsignal des Körpers zu einer Zäsur, und er änderte seine Prioritäten: „Meine Karriere war mir plötzlich egal – ich wollte nur noch am Leben bleiben. In diesem Moment hat sich mein Selbstverständnis gewandelt", sagte er später. „Ich erkannte, dass der Mann nicht unbedingt den Ton angeben muss. Damals hat es mir nichts ausgemacht, dass Evi gescheiter ist als ich", gestand er in seiner gewohnt bescheidenen Art.

Zu dieser Zeit, 1983, trat meine Großmutter in die Landespolitik ein, acht Jahre später wurde sie Präsidentin der Katholischen Aktion Österreich. Mein Großvater, der schon 21 Jahre in der ÖVP als Bezirksrat politisch aktiv gewesen war und über neun Jahre hindurch als Personalreferent im Stadtschulrat, Lehrer im TGM (Höhere Technische Lehranstalt Wexstraße) und Leiter des Katholischen Familienwerkes drei großen Aufgaben gleichzeitig nachgegangen war, ging in Frühpension und trat zumindest augenscheinlich in den Hintergrund – und war vielleicht gerade deshalb maßgeblich für den Erfolg seiner Frau.

Jeden nächsten Schritt sprach sie mit ihm ab, alle Entscheidungen wurden gemeinsam getroffen. Er verstand es, an der Seite einer starken Frau zu leben, ohne selbst schwach zu sein. Während er sich in seiner Frühpension 50 Wochenstunden ehrenamtlich im Familienwerk engagierte, gestaltete sie an vorderster Front die kirchliche und politische Landschaft des Landes mit. Es war nicht wichtig, wer von beiden die Werte und den Glauben, nach denen sie als Ehepaar lebten, in die Öffentlichkeit trug – Hauptsache, sie wurden artikuliert.

Den Weg als Paar kompromisslos gemeinsam zu gestalten, war vielleicht eine der größten Stärken des Ehepaars Petrik. Während ihrer 50-jährigen Ehe bildeten sie eine echte Lebensgemeinschaft, in der sie sich gegenseitig genug Raum ließen, um sich selbstständig zu entwickeln und zu verändern. „Wir sind zusammengewachsen, ohne eine Symbiose zu sein“, erzählte er.

1946, damals war er 18 und ledig, kam ihm ein Spruch unter die Augen, der ihn sein Leben lang begleiten sollte: „Irgendwo wartet deiner ein Mädchen, Gott nur weiß, wann und wo. Du aber sei ihrer wert.“ Dieses Mädchen war für ihn Eva Rasny, und er war ihrer wert.

Ihre Beziehung basierte auf tiefer Liebe, gegenseitigem Respekt und einer gemeinsamen Spiritualität: „Zurückblickend bin ich überzeugt, dass Gott in meinem Leben oft seine Hand im Spiel gehabt hat. Ich glaube, er hat Evi und mich zusammengeführt. Wenn ich eine andere Frau geheiratet hätte, wäre ich auch ein anderer Mensch geworden." Der gemeinsame Glaube, den sie in der Pfarre Pötzleinsdorf und in der Familienrunde „Equipe Notre Dame" lebten, stärkte die Verbindung der beiden auf einer weiteren Ebene. Der unermüdliche Zusammenhalt half ihnen, auch schwierige Zeiten durchzustehen. „Ich will mit dir tragen", sagte sie, als sie noch seine junge Verlobte war, einmal zu ihm, der tief berührt war von diesem Versprechen. Bis zum Schluss haben sie es beide gehalten.

„Wir haben uns immer bemüht, uns bewusst in den anderen hineinzufühlen", erzählte er. Das dürfte nicht immer ein einfaches Unterfangen gewesen sein. Er ein Verstandesmensch mit einer Engelsgeduld, sie ein Gefühlsmensch, sehr emotional und impulsiv. Vielleicht war es gerade diese Mischung, die sie zu so einem starken Team machte. Auch wenn es Konflikte gab. „Meinungsverschiedenheiten haben wir kampflos ausgetragen", versuchte er ihre partnerschaftliche Grundhaltung auf den Punkt zu bringen.

Für diese friedfertige Einstellung gab es wohl kaum einen besseren Lehrmeister als meinen Großvater. Egal ob in der Familie oder im Beruf, es gelang ihm immer wieder, auch in schwierigen Situationen einen Ausgleich zu finden, Menschen zusammenzubringen und Problemlösungen zu erarbeiten. „Ich war kein Kämpfer, oft habe ich mich nicht einmal vehement für meine eigenen Interessen eingesetzt", sagt er über sich selbst. „Stattdessen war ich ein Friedensstifter, der hinhört auf andere und einen Ausgleich findet."

Diese Fähigkeit, die man heute „Soft Skill" nennt und die ihn zu einem Wunschbewerber für Personalisten gemacht hätte, war für Josef Petrik ganz selbstverständlich.

Diese Eigenschaft bekamen viele Menschen, die mit ihm zu tun hatten, zu spüren: In Gesprächen hörte er so aufmerksam zu, dass man förmlich spüren konnte, wie sehr er bei der Sache war. Er schaute Menschen in die Augen, dass man

merkte, dass er einen sah. Er war immer ganz da, setzte sich ganz bewusst mit seinem Gegenüber auseinander und machte sich die Mühe, sich wirklich auf Menschen einzulassen. Wahrscheinlich hatte er genau darum auch so einen guten Draht zu Kindern und Jugendlichen. Schon als Jungscharführer (wie es damals noch hieß) und bei seinem Engagement in der Pfarrjugend in Neufünfhaus stellte er seine pädagogischen Fähigkeiten unter Beweis. Als er 1952 als junger Lehrer sein Probejahr in der Schottenbastei absolvierte, fragten die alten Professoren ganz erstaunt, wo der 24-Jährige gelernt hatte, so gut mit den Schülern umzugehen. Und auch in der Familie ging er in einer liebevollen, behutsamen und zugleich nicht überbehütenden Vaterrolle in einer Weise auf, wie sie für Männer seiner Generation eher unüblich war. Als Vater von vier Töchtern und Großvater von zwölf Enkelkindern war er dabei freilich recht gefordert. Trotzdem pflegte er zu jedem und jeder Einzelnen eine ganz individuelle und sehr persönliche Beziehung. Er nahm sich Zeit, auf alle unterschiedlichen Charaktere einzugehen, und zeigte echtes Interesse für die Entscheidungen, die wir trafen. Er stand stets als Begleiter zur Seite, half mit Ratschlägen und sprach trotzdem immer auf Augenhöhe mit uns. Er bewältigte die schmale Gratwanderung, gleichzeitig unsere Wurzeln tief zu verankern, uns stets Geborgenheit zu geben und uns trotzdem zur rechten Zeit unseren eigenen Weg einschlagen zu lassen.
Um die tiefe Bindung zu seinen Kindern und Enkelkindern aufrechtzuerhalten, investierte er trotz beruflicher und gesundheitlicher Strapazen viel Zeit in diese Beziehungen. Für uns Enkelkinder waren etwa die regelmäßigen Urlaubswochen mit den Großeltern Fixpunkte im Jahr. Da gab es Badeurlaube am Stubenbergsee mit den Kleineren, Wanderungen oder Kulturreisen mit den älteren Enkelkindern. Was dank zuckersüßem Kakao zum Frühstück, perfekt

geplantem Tagesprogramm und lustigen Spielen am Abend immer ein großer Spaß und eine schöne Abwechslung für uns Kinder war, gab uns in Wahrheit noch viel mehr: In diesen intensiven Tagen haben Omi und Opapa uns ihre Lebenseinstellungen und Werte unmittelbar und sehr greifbar vorgelebt. Zwischen den kulturhistorischen Lehrstunden haben sie uns ihre Lebensgeschichten erzählt und mit uns geteilt, was ihnen wichtig war. Und sie haben uns die Gelegenheit gegeben, sehr enge Kontakte zu unseren Cousins und Cousinen zu knüpfen und damit den Zusammenhalt der Großfamilie zu stärken.
Seine größten Stärken lagen in der Zwischenmenschlichkeit. Er konnte sie entwickeln, weil er ein schier unermüdliches Interesse an anderen Menschen zeigte. Diese Neugierde machte ihn auch unsagbar wissbegierig. Mein Großvater hatte Geduld für das Ungelöste und liebte die Fragen selbst wahrscheinlich genauso sehr wie die Antworten darauf. „Man hört an dem Tag vor seinem Tod zu lernen auf. Das war ein Grundsatz, nach dem ich lebte und eine Erfahrung, die ich machte“, erzählte er.
Aufmerksam ging er deshalb durchs Leben, aufgeschlossen für Neues und gewillt, sich von guten Argumenten überzeugen zu lassen. Auch im Alter ging er mit dem Fortschritt. Gemeinsam mit meiner Großmutter machte er in der Pension meist mehrmals pro Jahr Bildungsreisen, von Spanien über die Ukraine bis in den Iran. Als überzeugter Christ interessierte er sich für Ökumene und engagierte sich für die Kommunikation zwischen den Religionsgemeinschaften. Und wenn eines seiner Enkelkinder für längere Zeit im Ausland war, hielt er per E-Mail Kontakt oder führte Telefonate übers Internet.
Diese Aufgeschlossenheit für Neues in Verbindung mit seiner friedfertigen Art machte ihn zu einem sehr toleranten Menschen. „Eine der wichtigsten Erkenntnisse, die ich in

meinem Leben gelernt habe: Es gibt keine objektive Wahrheit. Ich versuche, den anderen in seinem Anderssein anzunehmen, ihn nicht nur zu dulden, sondern zu akzeptieren", brachte er es auf den Punkt.

Oft ging er dabei noch weiter: Er empfand anderen Menschen gegenüber nicht nur Akzeptanz, sondern eine tiefe, sehr aufrichtige Form von Nächstenliebe. Diese große Liebe säte er wieder und wieder. In der Familie, im Freundeskreis, in der Pfarre, im Berufsleben und in der Jugendarbeit.

„Hilf, Herr meines Lebens, dass ich nicht vergebens hier auf Erden bin." Dieses Kirchenlied begleitete meinen Großvater, so sagte er, sein Leben lang. „Besonders, wenn sich das Leben dem Ende neigt", so erzählte er, „überlegt man sich oft: Hat sich mein Leben gelohnt?" Drei Wochen vor seinem Tod, bei unserer letzten und abschließenden Interview-Einheit, beendete er das Gespräch mit den Worten: „Ich weiß jetzt, warum ich gelebt habe, zu welchem Zweck ich auf der Welt war."

Eine bescheidene Lebensbilanz, aber zugleich wahrscheinlich die schönste, positivste und zufriedenstellendste. Seine Lebensführung benotete er – ganz lehrerhaft – mit einem „Gut". „Beurteile einen Tag nicht danach, welche Ernte du am Abend eingefahren hast, sondern danach, welche Samen du gesät hast", schrieb Robert Louis Stevenson. Geht man danach, verdient er sich ein „Sehr Gut".

Personenregister

Stöger, Hilde
Teuschl, Hildegard
Weiß, Ludwig
Wobornik, Moni
Zeininger, Josef
Zilk, Helmut

Verzeichnis der Abkürzungen

BAKEB = Bundesarbeitsgemeinschaft für Katholische Erwachsenenbildung
KA = Katholische Aktion
KEBÖ = Katholische Erwachsenenbildung Österreichs
KIWI = Kinder in Wien
MIVA = Missions-Verkehrs-Arbeitsgemeinschaft

Bildnachweis

Rupprecht@kathbild.at: Umschlagfoto, 6, 68, 70, 91, 94, 108, 121, 134, 144, 152, 169

Privat: 8, 10/11 (Foto: Helmut Rauch), 17, 19, 22/23 (Foto Zahradnik), 26, 29, 30, 33, 35, 37, 39, 40, 41, 43, 47, 51, 52, 55, 56, 59, 60, 67, 69, 74 (Foto: Adolf Waschel), 77, 78, 85, 87, 92/93

Foto Votava: 63

Gert Schlegel: 48

Johann Gürer: 64, 83

Diözesanbildstelle Linz/Mair: 82

in der Verlagsgruppe Styria GmbH & Co KG
Wien–Graz–Klagenfurt

www.styriaverlag.at

Lektorat: Coralie Riedler
Umschlaggestaltung: Bruno Wegscheider
Produktion und Gestaltung: Alfred Hoffmann
Reproduktion: Pixelstorm, Wien
Druck und Bindung:
CPI Moravia Books

ISBN 978-3-222-13245-2